데일 카네기 성공한 사람들에게 배우는 습관

데일 카네기
성공한 사람들에게 배우는 습관

개정판 1쇄 발행 | 2026년 06월 10일

지은이 | 데일 카네기 · 옮긴이 | 권오열

발행인 | 김선희 · 대 표 | 김종대
펴낸곳 | 도서출판 매월당
책임편집 | 박옥훈 · 디자인 | 윤정선 · 마케터 | 양진철 · 김용준

등록번호 | 388-2006-000018호
등록일 | 2005년 4월 7일
주소 | 경기도 부천시 소사구 중동로 71번길 39, 109동 1601호
(송내동, 뉴서울아파트)
전화 | 032-666-1130 · 팩스 | 032-215-1130

ISBN 979-11-7029-228-9 (03320)

· 잘못된 책은 바꿔드립니다.
· 책값은 뒤표지에 있습니다.

이 도서의 국립중앙도서관 출판시도서목록(CIP)은 서지정보유통지원시스템 홈페이지(http://seoji.nl.go.kr)와 국가자료공동목록시스템(http://www.nl.go.kr/kolisnet)에서 이용하실 수 있습니다.(CIP제어번호 : CIP2013022438)

Dale Carnegie

데일 카네기 성공한 사람들에게 배우는 습관

데일 카네기 지음 | 권오열 옮김

생긴 대로 살다 간 사람들

우리는 보통 어렸을 때부터 읽는 위인전을 통해 위인의 삶을 접한다. 그렇게 만나는 위인들은 우리의 머릿속에 비범한 능력과 리더십, 불굴의 의지와 열정, 용기, 그리고 모두의 귀감이 될 만한 인품을 지닌, 세종대왕이나 이순신 장군처럼 보통 사람과는 확연히 다른 특이 존재들로 각인되어 있다. 위인들에 대한 이런 인상은 대체로 성인기까지 계속 이어진다. 단지 성인이 된 후에는 위인들도 한편에서는 우리와 다름없는 인간이고, 따라서 그들도 우리와 비슷한 인간적 약점을 공유하고 있다는 사실에 눈을 뜨고 그 사실에 흥미를 느끼게 된다.

이 책에는 퀴리 부인이나 헬렌 켈러, 또는 메이요 형제처럼 정말 존경하고 싶은 인물들도 있고, 뭔가 마음이 꽂히는 일을 찾아 거기에 올인하는 열정을 보여준 마틴 존슨과 클라이드 비티 같은 인물도 등장한다. 한편 헤티 그린과 벤델 가家 사람들을 보면 아무리 돈이 많아도 그렇게 살고 싶지는 않다는 생각을 하게 된다. 또 아무리

시적 재능이 뛰어나고 뭇 여성들의 완벽한 연인으로 추앙받았다 해도 바이런 경의 삶이 위대하고 부럽다는 생각은 들지 않는다. 적어도 내 기준과 관점에서는 그렇다. 이 책도 일반적인 의미의 위인전이라기보다는 각자 자기 영역에서 놀라운 성취를 이룬 다채로운 인간 군상들의 삶과 개성에 대한 간략한 스케치라고 보는 것이 좋을 듯하다.

이처럼 이 책에 소개된 다양한 이력과 개성을 지닌 서른일곱 명 중에는 우리가 흔히 위인에게서 기대하는 위대한 인품과 능력을 지닌 사람들도 있지만, 선뜻 우리가 생각하는 위인의 상에 부합한다고 단정하기에는 주저되는 인물들도 있다. 하긴 이 책의 각 인물과 만나는 시간은 겨우 5분이다. 그 짧은 만남으로 어떻게 한 사람의 인생과 내면을 제대로 파악할 수 있을까? 그러나 5분은 한 인간의 삶과 성품을 깊이 있게 살피기에는 분명 터무니없이 짧은 시간임에도, 그가 어떤 개성과 능력을 지녔고 그것을 어떻게 꽃피웠는지 조감하기에는 충분한 시간이다.

이 서른일곱 명의 인물들은 모두 각자가 처한 위치와 환경에서 우왕좌왕하며 다양한 형태로 부침浮沈을 겪지만 결국 꾸준한 노력과 어느 정도의 행운에 힘입어 자신이 가야 할 길을 찾아갔다. 이들을 하나로 묶는 공통분모를 찾는다면, 그들 모두가 하나같이 자신만의 독특한 재능과 개성을 살리며 타고난 본성대로 자신의 열정을 좇아 마음이 이끄는 삶을 산 사람들이라는 사실이다. 쉽게 말해 생긴 대로 살다 간 사람들이다. 그런 점에서 그들은 모두 위인들이고 성공한 사람들이라 할 만하다. 개성의 발현과 자아실현이 중시되는 이 시대에 남의 인생 기웃거리기보다 타고난 천성대로 자기답게 사는 것이야말로 가장 성공한 삶이 아닐까?

이 책에서 말하고자 하는 교훈도 바로 그것일 것 같다. 위인전을 들춰보는 사람들의 심리에는, 위인은 아주 대단한 사람이며 보통 사람은 그들을 모델로 삼아 그들처럼 되기 위해 노력해야 한다는 생각이 깔려 있다. 이것이 나쁘다고 볼 수는 없지만, 그런 자세로 접근했다간 인생의 기준을 너무 높이 잡기 쉬우며, 평범한 민초들의 삶은 그에 못 미치는 것이 대부분인지라 자칫 열등감과 자괴감에 빠지기 십상이다. 위인들은 특이 존재일 뿐 대부분의 인생살이와는 관계없다. 위인전을 읽으며 큰 꿈을 꾸고 비전을 갖는 것도 좋지만, 그보다는 자신만의 개성과 재능을 찾아 그것을 꽃피울 방법을 찾는 것이 좋을 것이다. 그렇게 할 때 오히려 성공할 가능성도 높아질 것이다. 아무리 부자가 되고 명성을 얻어도 그것이 자기다움을 희생한 바탕 위에서 이루어진 것이라면 결국엔 허망할 것이며, 반대로 백만장자가 못 되고 세상에 이름을 날리지 못해도 자기다움을 찾고 자기답게 사는 것 이상의 행복하고 충만한 삶은 없을 것이기 때문이다.

- 권오열

차 례

...1
퀴리 부인

추위를 피해 의자 밑에서 자야 했던 여성 과학자

퀴리 부인은 아마 그 이름이 영원히 기억될 몇 안 되는 여성 중 하나일 것이다. 그녀는 위대한 과학자들이 불가능하다고 여긴 발견에 성공한 소심하고 수줍음 많은 폴란드 소녀였다. 그녀가 발견한 것은 그때까지 과학이 밝혀낸 모든 원소와는 아주 다른 새로운 원소였으며, 끊임없이 에너지를 방출하는 원소였다. 퀴리 부인은 그것을 라듐이라 칭했다.

라듐은 암과의 전쟁에서 가장 큰 역할을 수행한다. 수많은 암 환자들이 라듐을 통해 완전히 치유되거나 극심한 고통을 덜어내고, 많은 경우 생명을 여러 해 더 연장시킬 수 있다.

파리 대학에서 물리학과 수학을 공부하던 시절, 미래의 퀴리 부인은 너무 가난하여 굶주림을 견디다 못해 실제로 실신했을 정도였다. 만약 그녀가 52년 뒤에 한 영화사가 백만 달러가 넘는 돈을 들여 그녀의 삶을 영화화하게 되리라는 사실을 알았다면 정말 놀라지 않았을까? 자신이 유일하게 노벨과학상을 두 번이나 받는 인물이 되리라는 사실을 알았더라면 얼마나 놀랐을까? 첫 번째 노벨상은 물리학 분야에서 이룩한 뛰어난 업적으로 1903년에 받았고, 두 번째 상은 화학에서의 눈부신 성과를 인정받아 1911년에 수상했다.

하지만 소녀 시절 자신의 조국 폴란드에서 살 때 오만하고 부유한 어느 가문에게 모욕을 당한 경험이 없었다면, 퀴리 부인은 결코 과학자가 되지도 못하고 또 라듐도 발견하지 못했을지 모른다. 이야기의 전말은 이렇다.

열아홉 살 소녀였을 때, 미래의 퀴리 부인은 한 부유한 폴란드 가정의 가정교사가 되어 그 집의 열 살짜리 딸을 돌보며 그 애의 공부를 도왔다. 그런데 대학생이던 이 부잣집의 장남이 크리스마스 연휴를 맞아 집에 온 후 새 가정교사와 춤을 추고 스케이트를 타기에 이른다. 그는 그녀의 아름다운 매너와 재치 넘치는 위트, 그리고 시적 재능에 매료되어 결국 그녀와 사랑에 빠져 청혼을 하게 된다. 그러나 이 소식을 들은 그의 어머니는 거의 기절할 정도였고, 그의 아버지 역시 몹시 노했다.

"뭐라고! 내 아들이 땡전 한 푼 없는 여자와 결혼한다고? 별로 내세울 것 없고 남의 집에서 가정교사 노릇이나 하는 여자와?"

미래의 퀴리 부인은 이런 모욕에 너무 충격을 받아 결혼을 포기하고 파리로 가서 공부에 전념하며 과학 연구에 일생을 바치기로 결심했다.

1891년, 당시 마리아 스쿼도프스카로 불리던 이 젊은 폴란드 여성은 파리 대학의 과학 과정에 등록했다. 그녀는 너무 소심하고 수줍음을 많이 타 친구를 사귀지 못했고, 공부에만 매달려 친구를 만날 시간도 없었다. 연구에 매진하지 않는 시간은 무익하게 허비된 시간으로 여겼다. 이후 4년 동안 마리아는 가정교사로 일하면서 저축한 돈과 폴란드에서 수학교사로 일하던 아버지가 이따금 보내주는 몇 푼 안 되는 돈으로 먹고 살아야 했다. 방세, 식비, 옷, 난방비, 그리고 학비까지 포함해서 하루에 60센트로 버텨나갔다. 방에는 창문이 하나밖에 없었는데 바로 천장에 낸 채광창이었다. 가스도 없고 전기도 없었으며, 무엇보다 난방이 되지 않았다. 겨울 내내 그녀는 고작 석탄 두 부대로 추위와 싸워야 했다.

얼마 안 되는 석탄을 아끼기 위해 마리아는 종종 겨울밤에도 난로를 피우지 않은 채 어깨를 덜덜 떨면서 마비된 손가락으로 수학 문제를 풀었다. 잠자리에 들기 전에는 트렁크를 열어 수건, 베갯잇, 시트, 여벌의 옷가지를 꺼내 침대 위에 쌓아 온기를 잡아두려 했다. 하지만 몸이 떨리는 것을 막을 수는 없었다. 심지어는 의자를 끌어당겨 침대 위에 올려놓기도 했는데, 그렇게라도 해서 자신의 떨리는 몸에 손톱만큼이나마 온기가 보태지지 않을까 하는 간절한 마음 때문이었다.

요리할 음식도 별로 없었지만, 그나마 있다 해도 그런 일에 귀중한 연구 시간을 빼앗기고 싶지 않았다. 몇 주 동안 약간의 빵과 버터, 그리고 묽은 차만으로 버틴 적도 있었다. 그래서 현기증을 느끼고 휘청거리며 침대로 이동한 후 의식을 잃고 쓰러질 때도 많았다. 의식이 돌아온 후에는 이렇게 자문하곤 했다. "내가 왜 기절했지?" 마리아는 자신이 서서히 굶어 죽어가고 있다는 사실을 인정하지 않으려 했다. 한 번은 수업 중에 기절한 적이 있었는데, 의식을 회복한 후에 의사에게 자신이 며칠 동안 체리 몇 개와 무 한 다발로 연명해 왔다고 고백했다.

하지만 파리의 한 다락방에 기거하는 이 학생이 너무 안됐다고 여기지는 말자. 그녀는 10년 뒤에 세계에서 가장 유명한 여성이 될 운명이었다. 또 자신의 연구에 푹 빠져 있고 지식에 대한 열망으로 불타오르고 있었기 때문에 배고픔도 그녀의 의지를 꺾지 못했고 맹추위도 내면의 뜨거운 열기를 식히지는 못했다.

파리에 도착한 지 3년 뒤에 마리아 스쿼도프스카는 유일하게 자신을 행복하게 해주었던 남자와 결혼했다. 그의 이름은 피에르 퀴리였고, 그녀처럼 과학에 완전히 미친 사람이었다. 당시 서른다섯이라는 젊은 나이에 그는 프랑스에서 가장 유명한 과학자 중 한 사람으로 인정받고 있었다.

결혼식 날, 그들이 지닌 것이라곤 달랑 자전거 두 대뿐이었다. 그들은 자전거를 타고 프랑스 시골을 누비며 신혼여행을 했고 빵과 치즈와 과일로 점심을 해결했으며, 희미한 촛불이 색 바랜 벽지 위로 흔들리는 그림자를 드리운 마을의 여인숙에서 밤을 보냈다.

그로부터 3년 뒤에 퀴리 부인은 박사 학위를 준비하고 있었다. 학위를 받으려면 독창적인 과학 연구를 수행하고 그에 관한 논문을 써야 했다. 그녀는 최근에 발견된 신비, 곧 우라늄이라는 금속이 광선을 내뿜는 이유를 연구하려고 했다. 그것은 위대한 과학적 모험의 시작이자 신비롭고 매혹적인 화학의 세계를 향한 여행의 첫 걸음이었다.

퀴리 부인은 이미 알려진 모든 화학 물질을 실험한 것 외에도 수백 개 광물도 테스트하여 그것들도 신비한 광선을 뿜어내는지 확인한 후, 마침내 이 강력한 광선들이 어떤 미지의 원소에 의해 방출된다는 결론을 얻었다.

급기야 퀴리 부인의 남편 피에르 퀴리도 자신의 실험을 중단하고 이 신비한 새 원소를 찾기 위한 아내의 연구에 힘을 보탰다. 몇 개월간의 실험 끝에 퀴리 부부는 드디어 과학계에 메가톤급 폭탄을 투하한다. 우라늄보다 200만 배나 더 강한 방사선을 지닌 금속 원소를 발견했다고 발표한 것이다. 이 금속에서 나오는 광선은 목재, 돌, 강철, 구리를 통과할 수 있고, 두꺼운 납판으로만 막을 수 있었다. 만약 이것이 사실이라면 그것은 가히 과학자들이 수백 년간 믿어온 모든 기본 이론들을 뒤엎어버릴 만한 혁명적 발견이었다.

그들은 이 기적의 물질에 라듐이라는 이름을 붙였다. 그 전까지 이런 물질은 듣도 보도 못한 것이었다. 그것은 여타의 모든 금속들과는 너무도 달랐기 때문에 진지한 과학자들은 이런 원소의 존재를 의심했다. 그래서 그들은 증거를 요구하며, 그것을 보고 실험하고 그것의 원자량을 알아낼 수 있도록 순수 라듐을 보여 달라고 말했다. 이에 퀴리 부부는 그 다음 4년간 라듐의 존재를 증명하기 위해, 즉 작은 땅콩 크기의 절반 정도에 불과한 1데시그램의 라듐을 추출해 내기 위한 연구에 매달렸다.

어떻게 추출해 냈을까? 바로 8톤의 광석을 끓이고 정제하는 방법을 사용했다. 그들은 전에 의대생들이 해부실로 사용하던 낡고 버려진 헛간에서 작업을 진행했다. 그곳은 연구를 진행하기에 적합하지 않은 곳이었다. 마루도 없었고 지붕에서는 물이 샜으며 난로도 낡고 전혀 제구실을 하지 못했다. 겨울에는 밖이나 다름없이 추웠다. 광석과 화학 물질을 끓이는 과정에서 나는 매캐한 연기는 퀴리 부인의 눈을 쏘아대고 목을 틀어막았다.

퀴리 부부는 4년간 이토록 열악한 환경에서 연구에 매진했다. 마침내 남편은 의욕을 잃고 사정이 더 좋아질 때까지 연구를 포기하고 싶어 했지만, 퀴리 부인은 뜻을 굽히지 않았다. 그래서 그들은 연구를 계속 진행했고, 결국 라듐 1데시그램을 추출해 냈다.

이 발견으로 퀴리 부인은 세계에서 가장 유명한 여성이 되었다. 그런데 온갖 찬사와 영예를 한 몸에 받은 이 시기가 퀴리 부인의 가장 행복한 시절이었을까? 그렇지 않았다. 그녀는 바닥이 지저분한 그 낡은 헛간에서 연구하며 보낸 그 초라하고 비참했던 시절이 자기 인생에서 가장 행복한 시기였다고 말했다. 그때는 자주 추위에 몸을 떨고 피로를 못 견디고 쓰러지기도 했지만 온전히 자신이 좋아하는 연구에 매진한 시기였다.

1902년에 퀴리 부인과 그녀의 남편은 부자가 될 것인지, 아니면 사심 없이 과학 연구의 이상에 충실할 것인지를 결정해야 했다. 그때는 이미 라듐이 암 치료에 매우 효과적이라는 사실이 밝혀진 상태였다. 그래서 라듐에 대한 수요가 높아지고 있었고, 퀴리 부부 말고는 세상에 그 누구도 그것을 생산해 내는 방법을 몰랐다. 그들은 자기들이 발명한 라듐 추출 기술에 대해 특허를 얻고 전 세계에서 생산되는 모든 라듐에 대해 로열티를 받을 수도 있었다.

라듐은 영리 목적으로 생산될 예정이었기 때문에 상업적인 기업들로부터 로열티를 받는다고 해서 퀴리 부부를 비난할 사람은 거의 없었을 것이다. 로열티를 받으면 그들과 자녀들이 경제적으로 안정되고 고된 일을 할 필요도 없어지며 추후 연구를 위한 멋진 연구실을 지을 수도 있었을 것이다. 하지만 퀴리 부인은 자신의 발견에 대한 대가를 한 푼도 받지 않으려 했다. 그녀는 이렇게 말했다. "그것은 절대 안 될 일입니다. 그것은 과학의 정신에 위배되는 일이지요. 게다가 라듐은 질병 치료에 사용될 텐데, 이를 이용하여 돈을 버는 것은 절대 용납할 수 없습니다."

이렇게 그리스도 같은 이타의 정신으로 퀴리 부인은 부와 가난, 편리한 삶과 봉사의 삶 사이에서 끊임없이 선택하는 삶을 살았다.

...2
헬렌 켈러

나폴레옹과 비견되는 듣지도 보지도 말하지도 못한 소녀

마크 트웨인이 이런 말을 한 적이 있다. "19세기의 가장 흥미로운 두 인물은 나폴레옹과 헬렌 켈러다." 마크 트웨인이 이 말을 했을 때, 헬렌 켈러는 겨우 열다섯 살이었다. 지금까지도 그녀는 가장 흥미로운 인물 중 하나로 남아 있다.

헬렌 켈러는 완전히 장님이었다. 그럼에도 불구하고 앞을 볼 수 있는 대부분의 사람들보다 훨씬 많은 책을 읽었다. 아마 보통 사람보다 100배나 더 많이 읽었을 것이다. 게다가 직접 11권의 책을 저술했다. 또 자신의 삶을 영화로 만들고 직접 연기까지 했다. 그리고 그녀는 완전히 귀가 멀었다. 그럼에도 불구하고 들을 수 있는 많은 이들보다 한층 더 음악을 즐겼다. 헬렌 켈러는 자기 일생에서 9년 동안 말을 하지 못했다. 그런데도 미국의 모든 주에서 강연을 했다.

또 4년 동안 버라이어티 공연의 주연배우로 활약했고, 유럽 전역을 여행했다.

헬렌 켈러는 지극히 정상적인 아이로 태어났다. 생후 1년 반 동안 그녀는 다른 아이들처럼 보고 들을 수 있었고, 심지어 말도 배우기 시작했다. 그런데 갑자기 재앙이 닥쳤다. 병의 기습을 받아 생후 19개월째에 눈멀고 귀먹고 벙어리가 되어 전 존재를 파괴당한 것이다.

그녀는 정글 속의 야생동물처럼 성장하기 시작했다. 아이는 자신을 불쾌하게 하는 모든 물건을 부수고 박살냈으며, 자기 입에 양 손으로 음식을 쑤셔 넣었다. 누군가가 행동을 고쳐주려 하면 바닥에 몸을 내던지고 발로 차고 몸부림치며 비명을 질러댔다.

완전히 절망한 헬렌의 부모는 딸을 보스턴에 있는 퍼킨스 맹인학교에 보내 그 애를 가르칠 선생님을 찾았다. 그리고 마치 빛의 천사처럼 앤 맨스필드 설리번이 헬렌의 비극적인 삶 속에 등장했다. 설리번이 퍼킨스 학교를 떠나 벙어리에다 귀머거리이며 눈까지 먼 아이를 교육시키는, 도저히 불가능해 보이는 임무를 떠맡았을 때는 겨우 스무 살이었다. 설리번 자신도 혹심하고 비참한 가난으로 점철된 삶을 살았다.

앤 설리번은 열 살 때 어린 남동생과 함께 매사추세츠 주 턱스베리에 있는 구빈원에 보내졌다. 그곳에는 사람이 너무 많아 두 아이는 매장되기를 기다리고 있는 시체들이 보관된 이른바 '시체실' 에서 자야 했다. 병약했던 남동생은 6개월 뒤에 죽었고, 앤 자신도 겨우 열네 살 때 거의 시력을 잃고 퍼킨스 맹인학교에 보내져 손가락으로 읽는 법을 배웠다. 하지만 앤은 완전히 장님이 되지는 않았고, 시력이 차츰 회복되었다. 그리고 그로부터 50년 뒤 사망하기 직전에 마침내 완전한 어둠이 그녀의 눈을 덮었다.

앤 설리번이 헬렌 켈러와 함께 연출한 기적은 도저히 몇 마디 말로 설명할 수 없다. 또 어떻게 겨우 한 달 만에 그녀가 완전한 어둠과 침묵에 감싸인 아이와의 소통에 성공할 수 있었는지도 마찬가지다. 이 이야기는 헬렌 켈러 자신의 책《나의 인생 이야기 *The Story of My Life*》에서 잊을 수 없는 언어로 소개되었다. 그 책을 읽은 사람이라면 누구라도 그 눈멀고 귀먹고 말하지 못하는 아이가 처음으로 인간의 언어 같은 것이 있다는 사실을 알게 된 날 느꼈던 행복을 잊을 수 없을 것이다. 잠시 그녀의 글을 따라가 보자.

"그 사건 많았던 하루가 끝나고 침대에 누워 그날 느꼈던 기쁨을 되새기며 처음으로 내일이 오기를 기다렸을 때의 나보다 더 행복했던 아이는 아마 세상 어디에도 없었을 것이다."

헬렌 켈러가 스무 살이었을 때, 그녀의 교육은 레드클리프 대학에 입학할 정도로 크게 발전했고 그때 설리번도 함께 따라갔다. 이때 헬렌은 여느 대학생 못지않게 읽고 쓸 수 있었을 뿐 아니라, 말할 수 있는 능력도 회복했다. 그녀가 처음으로 말하는 법을 배운 문장은 "나는 이제 벙어리가 아닙니다."였다. 헬렌은 이 기적에 들뜨고 흥분하여 이 문장을 되풀이해서 반복했다. "난 이제 벙어리가 아닙니다.” 그녀의 말에서는 약간 외국인의 어투가 느껴진다. 또 점자 타자기를 이용하여 책과 잡지 기사를 쓰며, 여백에 수정이 필요할 때는 머리핀으로 종이에 작은 구멍을 뚫었다.

나는 그녀가 걸으면서 종종 혼잣말하는 것을 본 적이 있다. 그러나 여러분이나 나처럼 입술을 움직이지 않고, 손가락을 움직여 기호 언어로 중얼거렸다. 그녀의 비서는 내게 헬렌 켈러의 방향 감각은 보통 사람들보다 못 하다고 말해 주었다. 헬렌은 자신의 집에서도 종종 길을 잃고, 가구가 옮겨지면 갈팡질팡하며 어쩔 줄 몰라 했다. 헬렌이 앞을 못 보기 때문에 일종의 예리한 육감을 지니고 있을 것이라 생각하는 사람들이 많지만, 과학적인 테스트 결과 그녀의 미각과 후각은 보통 사람과 다를 바 없는 것으로 드러났다.

그러나 촉각은 매우 날카로워 친구들의 입술에 가볍게 손가락을 대기만 해도 그들이 무슨 말을 하는지 이해할 수 있을 정도였다. 또 피아노나 바이올린의 목재 부분에 손을 대는 방식으로 음악을 즐기며, 심지어는 캐비닛의 진동을 느껴서 라디오를 들었다. 그리고 노래하는 사람의 목에 가볍게 손가락을 대서 노래를 감상했다. 그러나 그녀 자신은 노래를 하거나 음정을 맞추지는 못했다. 만약 헬렌이 당신과 악수를 하고 5년 뒤에 당신을 다시 만나 악수를 한다면, 그 악수에 대한 감촉을 통해 당신을 기억해 낼 것이다. 당신이 행복하든 화가 나 있든, 유쾌하든 우울해하든 상관없이 말이다. 헬렌은 배의 노를 젓고 수영을 하며, 말을 타고 숲 속을 질주하는 것도 즐겼다. 또 그녀를 위해 특별히 제작된 세트로 체커와 체스 게임도 하고, 심지어는 점자로 표시된 카드로 혼자서 카드놀이도 했다. 비 오는 날에는 종종 자수나 뜨개질을 하며 시간을 보냈다.

사람들은 대개 세상에서 가장 큰 고통이 시력을 잃는 것이라고 생각한다. 하지만 헬렌 켈러는 앞을 못 보는 것보다는 듣지 못하는 것이 더 힘든다고 말한다. 자신을 세상과 단절시키는 완전한 어둠과 정적 속에서 그녀가 가장 그리워하는 것은 다정하고 친근한 인간의 목소리였다.

...3
앤드루 카네기

세계에서 백만장자를 가장 많이 길러낸 강철왕

앤드루 카네기는 집안이 너무 가난하여 의사나 산파의 도움도 받지 못한 채 태어났다. 처음에 그는 시간당 2센트를 받고 일을 시작했다가 훗날 4억 달러의 거부로 성장했다.

나는 스코틀랜드의 던퍼믈린에 있는 카네기가 태어난 작은 집을 방문한 적이 있다. 그 집에는 방이 두 개밖에 없었다. 그의 아버지는 1층에서 천 짜는 일을 했고, 가족은 위층의 작고 어두운 다락방에서 요리하고 먹고 잠을 잤다.

카네기 가족이 미국에 왔을 때, 앤드루의 아버지는 식탁보를 만들어 가가호호 팔러 다녔고, 어머니는 세탁일과 부츠 꿰매는 일을 했다. 앤드루는 셔츠가 한 벌밖에 없었기 때문에 어머니는 앤드루가 잠자리에 든 후에 매일 밤 그 셔츠를 빨고 다림질했다. 그녀는 하루에 16~18시간을 일했고, 앤드루는 어머니를 깊이 사랑하고 존경했다. 스물두 살이 되었을 때, 그는 어머니에게 당신이 살아 계신 동안은 절대 결혼하지 않겠다고 약속했고, 정말 그 약속대로 20년 뒤 어머니가 돌아가실 때까지 독신으로 지냈다. 그래서 그는 쉰두 살에 결혼했고, 예순두 살 때 첫 자식이자 유일한 자식을 낳았다.

소년 시절, 앤드루는 어머니에게 입버릇처럼 이렇게 말하곤 했다.

"엄마, 전 언젠가 부자가 돼서 엄마가 비단옷을 입고 하인들을 부리며 엄마 소유의 마차도 갖게 해드릴 거예요."

그는 자신의 모든 지적 능력은 어머니로부터 물려받은 것이며, 어머니를 향한 그의 깊은 사랑이 그가 큰 성공을 거두게 한 동력의 하나였다고 자주 말했다. 어머니가 돌아가셨을 때, 그는 너무 슬퍼 15년 동안 어머니의 이름을 입 밖에 내지 못했다. 한 번은 스코틀랜드의 어떤 할머니가 자신의 어머니를 닮았다는 이유만으로 그분의 빚을 대신 갚아드린 적이 있다.

앤드루 카네기는 강철왕으로 알려져 있지만 사실 강철 제조에 대해서는 아는 바가 거의 없었다. 강철에 대해서는 그의 직원들 중 수백, 아니 수천 명이 그보다 더 잘 알았을 것이다. 카네기가 잘 알고 있던 것은 사람 다루는 법이었다. 그리고 그것이 그를 부자로 만들어준 비결이었다. 어린 시절부터 그는 조직을 이끄는 능력, 리더십, 다른 사람들이 그를 위해 일하게 하는 능력이 남달랐다.

소년 시절 스코틀랜드에서 성장할 때, 그는 어미 토끼 한 마리를 잡았고 머지않아 새끼 토끼들이 생겨났다. 하지만 녀석들을 먹여 살리기가 쉽지 않았다. 이때 그는 묘안을 생각해 냈다. 동네 친구들에게 만약 토끼에게 먹일 풀과 민들레를 많이 뜯어오면 바로 그들의 이름을 따서 각 토끼의 이름을 짓겠다고 제안한 것이다. 이 계획은 마술처럼 효과적이었다.

훗날 카네기는 비즈니스를 할 때도 같은 전략을 이용했다. 예컨대, 그는 펜실베이니아 철도회사에 강철 선로를 팔고자 했다. 당시 그 회사의 사장은 J. 에드거 톰슨이었다. 그래서 앤드루 카네기는 피츠버그에 거대한 제철소를 세운 후 'J. 에드거 톰슨 제철소'라고 명명했다. 톰슨 씨는 당연히 기분이 아주 좋았고, 카네기는 별 어려움 없이 그가 자신의 이름을 딴 회사에서 레일을 주문하게 했다.

카네기는 하루에 50센트를 받고 피츠버그에서 전보 배달사환으로 일한 적이 있었다. 그것은 큰돈처럼 보였다. 그 도시는 그에게 생소한 곳이었고, 그는 그곳 지리에 익숙지 않았기 때문에 일자리를 잃을까 두려워했다. 그래서 업무 지구에 있는 회사들의 이름과 주소를 모조리 외워버렸다. 또 그는 교환원이 될 생각으로 밤에는 전신 기술을 공부했고 매일 아침 일찍 사무실에 나와 키를 두드리며 전보 치는 연습을 했다.

어느 날 아침 중대 뉴스로 전신선에 불이 날 정도였다. 필라델피아에서 피츠버그로 미친 듯이 전보를 쏘아댔지만, 근무 중인 교환원이 없어서 앤드루 카네기가 급히 일을 맡아서 메시지를 받아 전달했고, 그 덕에 즉시 교환원으로 승진되고 봉급도 두 배로 올랐다.

그의 넘치는 활력과 패기는 사람들의 주목을 끌었다. 펜실베이니아 철도회사는 자체의 전신국을 세웠고, 앤드루 카네기는 교환원이 되었으며 곧이어 그곳 감독관의 개인비서가 되었다.

그러던 어느 날, 갑자기 그를 부의 길로 인도해 준 사건이 일어났다. 한 발명가가 찾아와 열차에서 카네기 옆에 앉더니 자신이 발명한 신형 침대칸의 모델을 보여주었다. 그 당시의 침대칸은 화물칸의 측면에 못으로 고정시킨 조잡한 침대들로 이루어져 있었다. 그런데 이 새 발명품은 안락한 설비를 갖춘 오늘날의 풀먼 침대차와 상당히 비슷했다. 카네기는 스코틀랜드인 특유의 예리한 통찰력을 지니고 있었다. 그는 이 물건의 잠재력이 대단하다는 것을 알아보고는 돈을 빌려 그 회사의 주식을 샀고, 결국 엄청난 배당금을 지급받았다. 카네기가 스물다섯 살이 되었을 때 이 투자에서만 거두어들인 소득이 연간 5,000달러에 달했다.

카네기가 전신국 감독관이었던 시절의 어느 날, 철로 위의 나무로 된 신호교가 불타는 바람에 며칠간 열차 운행이 중단된 적이 있었다. 이 상황을 지켜본 그는 나무 신호교의 종말을 예감하고, 앞으로는 철이 그 대안으로 떠오를 것으로 내다보았다. 그래서 돈을 빌려 회사를 세운 후 철교를 건설하기 시작했다. 그리고 곧 현기증을 느낄 정도로 빠르게 돈이 쏟아져 들어왔다.

이 직조공의 아들에게는 무엇이든 손만 대면 성공하게 만드는 능력이 있었다. 카네기는 순풍을 타며 승승장구했고 놀라운 행운이 그의 뒤를 따랐다. 그와 몇몇 친구들은 4만 달러를 주고 서부 펜실베이니아의 유전지대 한가운데 있는 농장을 샀고 거기서 1년에 백만 달러를 벌어들였다. 스물일곱 살이 되었을 때 이 영리한 스코틀랜드인은 일주일에 1,000달러의 수입을 올렸다. 15년 전에는 일당으로 고작 20센트를 받고 일했었는데 말이다.

때는 에이브러햄 링컨이 백악관의 주인으로 있던 1862년이었다. 남북전쟁이 한창이었고 물가는 천정부지로 치솟았다. 큰일들이 일어나고 있었다. 국경이 확장되고 서부 먼 지역에도 개척의 바람이 불었다. 대륙 전역에 곧 철도가 깔리고, 도시 건설을 위한 삽질이 시작될 예정이었다. 미국은 찬란한 시대에 진입할 준비를 하며 몸을 풀고 있었다.

앤드루 카네기는 그의 공장 용광로가 내뿜는 연기와 화염과 함께 계속 번영의 큰 파도를 타고 올라 인류 역사상 그 누구도 꿈꾸지 못한 부를 거머쥐었다. 하지만 그는 결코 고생고생하며 일하지 않았고, 일하는 시간의 절반은 놀며 보냈다. 그는 자기 주위에 자기보다 아는 것이 많은 보좌진들을 포진시키고 그들을 독려하며 자신을 위해 돈을 긁어모으게 했다. 카네기는 스코틀랜드인이었지만, 골수 스코틀랜드인은 아니었다. 그는 이익을 동료들과 나누었고, 역사상 그 누구보다 더 많은 백만장자를 길러냈다.

카네기는 평생 학교 교육을 4년밖에 받지 못했음에도 여행, 전기, 에세이, 경제에 관한 책을 여덟 권 저술했으며, 공공도서관에 6,000만 달러를 기부하고 교육 발전을 위해 7,800만 달러를 내놓았다. 또 보비 번즈가 쓴 시들을 모조리 암기한 것 외에도 《맥베스》, 《햄릿》, 《리어왕》, 《로미오와 줄리엣》, 그리고 《베니스의 상인》 전체를 암송할 수 있었다.

그리고 교회에 나가지는 않았지만 많은 교회에 7,000개가 넘는 파이프 오르간을 기증했다. 앤드루 카네기는 3억 6,500만 달러를 사회에 돌려주었다. 이것은 1년간 매일 백만 달러씩 기부했다는 의미이다. 신문들은 아이디어 공모전을 열고 그의 재산을 가장 잘 사용하는 법을 알려주는 사람에게 상을 수여했다. 카네기 자신이 부자로 죽는 것은 수치스러운 일이라고 선언했기 때문이다.

...4
존 데이비슨 록펠러

장래성이 없다며 청혼을 거절당한 남자

존 데이비슨 록펠러는 세 가지 놀라운 일을 해냈다.

첫째, 그는 인류 역사상 가장 많은 재산을 모았다. 그는 시간당 4센트를 받고 뜨겁게 내리쬐는 뙤약볕 아래 감자밭에서 괭이질을 하는 것으로 인생의 첫 걸음을 내디뎠다. 당시에 백만 달러 규모의 재산을 지닌 사람은 전체 미국 내에서도 손가락으로 꼽을 정도였다. 그런데 존 데이비슨은 얼추 10억 달러에서 20억 달러로 추정되는 재산을 축적했다.

하지만 그의 첫사랑은 그와 결혼하기를 거부했다. 왜 그랬을까? 그녀의 어머니가 자기 딸을 존 데이비슨 록펠러처럼 싹수가 노란 남자에게 '내던져버리지는' 않을 것이라고 말했기 때문이다.

록펠러가 해낸 두 번째 놀라운 일은 7억 5,000만 달러를 사회에 환원한 것이다. 이는 인류 역사상 가장 많은 액수였다.

그리고 세 번째 놀라운 일은 그가 아흔일곱 살까지 장수했다는 사실이다. 그는 미국에서 가장 지독한 미움을 받은 인물 중 하나였으며, 그를 죽이겠다고 위협하는 편지를 수천 통이나 받았다. 그래서 밤낮으로 무장 경호원들의 보호를 받아야만 했다. 록펠러는 곳곳에 산재한 자신의 모든 기업들을 세우고 운영하는 일이 주는 육체적 정신적 스트레스를 잘 견뎌냈다.

철도사업가 해리먼은 사업상의 스트레스 때문에 예순한 살에 사망했다. 5센트와 10센트짜리 물건을 파는 방대한 체인점들을 설립한 울워스는 예순일곱 살에 세상을 떠났고, 담배사업으로 1억 달러를 벌어들인 '벅' 듀크는 예순여덟 살에 생을 마감했다.

그러나 존 데이비슨 록펠러는 울워스, 듀크, 그리고 해리먼이 번 것을 합한 것보다 훨씬 많은 재산을 모았다. 또 백인 중 아흔일곱 살까지 장수한 사람은 백만 명 중 30명밖에 되지 않으며, 인공 치아 없이 아흔일곱 살까지 버티는 사람은 아마 1억 명 중 한 사람도 안 될 것이다. 하지만 존 데이비슨 록펠러는 아흔일곱 살 때도 의치를 해 넣지 않았다.

그의 장수 비결은 무엇이었을까? 아마 장수 유전자를 물려받았을 것이다. 그리고 이 타고난 유전자는 차분하고 침착한 성격에 의해 보강되었다. 그는 절대 흥분하지 않았고 서두르지 않았다.

스탠더드 오일 컴퍼니의 사장이었을 때, 그는 브로드웨이 26번가의 자기 사무실에 소파를 마련해 두고는 무슨 일이 있어도 매일 정오에 30분씩 낮잠을 잤다. 그리고 하루에 다섯 번씩 낮잠 자는 습관은 그가 죽을 때까지 계속되었다.

쉰다섯 살이 되었을 때 록펠러는 건강에 이상이 생겼다. 그것은 전체 의학 역사상 가장 다행스러운 사건 중 하나였다. 자신의 병에 자극받은 존 데이비슨이 의학 연구를 위해 수백만 달러를 내놓았기 때문이다. 그의 부실한 건강 때문에 록펠러 재단은 전 세계 인류의 건강 개선을 위해 매달 거의 백만 달러를 기부하고 있다.

나는 그 끔찍한 콜레라가 창궐하던 1932년에 중국에 있었다. 가난과 무지와 질병의 땅에서도 나는 북경에 있는 록펠러 의과대학에 들어가 콜레라 예방접종을 받을 수 있었다. 그때서야 나는 록펠러가 아시아와 세계 변방 지역의 고통 받는 인류를 위해 얼마나 많은 일을 하는지 실감하게 되었다. 록펠러 재단은 전 세계에서 십이지장충을 근절하는 일에 앞장섰고, 말라리아와의 전쟁에서 승기를 잡아가고 있으며, 그곳 소속의 의사들은 그 무서운 황열병 치료를 위한 백신을 발견했다.

존 데이비슨은 어머니가 칠면조 키우는 일을 도와 처음으로 돈을 벌었다. 그리고 죽을 때까지 8,000에이커에 이르는 자기 땅에 우량종의 칠면조들을 키우며 어린 시절을 추억했다. 칠면조를 돌본 대가로 어머니에게 받은 용돈은 모두 벽난로 선반 위에 놓인 금이 간

찻잔에 모아두었다. 그는 하루에 37센트를 받고 농장에서 일했고, 50달러가 될 때까지 그 돈을 모두 저금했다. 그리고 그 50달러를 7퍼센트 이자를 받고 자기 고용주에게 빌려주었는데, 이를 통해 50달러로 1년에 열흘간 힘들게 일한 만큼의 돈을 벌 수 있다는 사실을 알게 되었다.

“바로 그거였습니다.” 그가 말했다. “난 그때 돈의 노예가 되는 대신 돈을 내 노예로 만들겠다고 결심했지요.”

존 데이비슨은 돈 많은 아버지를 둔 자기 아들을 버릇없는 아이로 키우지 않았다. 가령 그는 아들이 손을 봐야 할 곳에 필요한 울타리 기둥을 하나 구해올 때마다 1센트를 주었다. 아들이 하루에 열세 개를 구해 오면 13센트를 주었다. 또 아버지는 아들이 울타리 고치는 일을 하면 시간당 15센트를 주었고, 그의 어머니는 아들이 바이올린 연습을 할 때 시간당 5센트를 주었다.

존 데이비슨은 대학 문턱에도 못 갔으며, 고등학교를 마치고 몇 개월 동안 상업학교에 다닌 적이 있었을 뿐 그의 정규교육은 열여섯 살 때 완전히 끝났다. 하지만 그는 시카고 대학에 5,000만 달러를 쾌척했다.

록펠러는 항상 교회에 큰 관심을 갖고 있었다. 청년 시절 그는 주일학교 교사로 일했으며, 결코 춤을 추거나 카드놀이를 하거나 극장에 가거나 술과 담배를 한 적이 없다. 그는 식사하기 전에 늘 기도했고 매일 성경을 읽었다. 또 시집과 기도문에서 감동적인 메시지를 담고 있는 글을 골라 매일 묵상했다.

록펠러의 재산은 지금도 분당 대략 100달러의 비율로 증가하고 있다. 그의 유일하게 큰 야망은 100년의 삶을 완성하는 것이었다. 그는 만약 자신이 100회 생일인 1939년 7월 8일까지 살아 있다면, 포칸티코 힐즈에 있는 자신의 사유지에서 밴드를 지휘하겠다고 말했다. 그렇게 되었다면 그때 그들이 연주할 곡은 '매기의 추억' 이었다.

...5
플로렌즈 지그펠드

역사상 그 누구보다 미녀의 전화번호를 많이 알고 있던 남자

<지그펠드 폴리즈>는 24년 동안 브로드웨이의 하늘을 밝히는 태양으로 군림했다. 세계에서 그렇게 화려하게 공연되고 그토록 열광적인 갈채를 받은 레뷰(촌극·춤·무용·노래로 이루어진 뮤지컬 코미디의 일종-옮긴이)는 없었다. 또 그렇게 많은 돈을 벌고도 그토록 많은 돈을 잃은 레뷰도 일찍이 없었다.

플로렌즈 지그펠드는 살아 있는 그 어떤 남자보다 미인들의 전화번호를 더 많이 알고 있었고, 그의 미인 명부에는 눈부신 미녀 수천 명의 이름과 주소와 전화번호가 수록되어 있었다. 꿈에 부푼 젊은 미인 50~60명이 매일 플로렌즈의 예리한 눈앞에서 자신의 미를 과시했다.

그는 자신이 '미국의 미녀 제조기' 라 불리는 것에 대해 자부심을 느꼈다. 그것은 충분히 받을 만한 자격이 있는 칭호였다. 그는 자주 아무도 주목하지 않는 평범한 소녀를 데려다 신비롭고 매혹적인, 무대 위의 눈부신 미녀로 탈바꿈시켰다. 지그펠드의 무대에 오르기 위해서는 체형과 우아함이라는 조건만 갖추면 되었다. 관능미는 지그펠드 자신이 알아서 해결해 주었다.

지그펠드는 동양의 군주만큼이나 통이 크고 사치스러웠다. 그는 의상에 수백만 달러를 쏟아부었고, 유럽과 아시아와 인도의 시장을 구석구석 뒤져 가장 아름다운 옷감을 구입했다. 심지어 드레스의 안감조차 최고급 실크로 만들어야 했다. 피부에 닿는 옷감이 아름답지 않으면 어떤 여성도 자신이 진정 아름답다고 느낄 수 없다는 것이 그의 지론이었기 때문이다.

카우보이 역을 맡은 배우들에게 그의 마음에 쏙 드는 모자를 씌우기 위해 <쇼 보트 *Show Boat*>의 제작을 꼬박 3개월이나 미룬 적도 있다. 또 이미 제작에 25만 달러를 지출했음에도 단 한 차례의 공연이 끝난 뒤 더 이상의 공연을 중단시키기도 했다. 그것이 눈부시게 아름답고 장엄한 지그펠드의 전통에 값하지 못한다고 느꼈기 때문이다.

지그펠드는 화려함과 호화로움을 위해서는 수단과 방법을 가리지 않았다. 그는 매일 수백 명의 사람들과 소통했지만, 결코 편지를 구술하여 받아쓰게 하지 않았다. 그는 어디를 가든 전보용지를 가지고 다녔으며, 그가 지나간 자리에는 전보들이 바람에 나부끼는 가을 낙엽처럼 팔랑팔랑 떨어졌다. 그랜드 센트럴 역에서 기차를 타고 열 정거장 정도 거리에 있는 125번가에 이르기 전에 전보용지 한 묶음을 다 써버리곤 했다.

믿기지 않을지 모르지만, 그는 실제로 리허설 중에 오케스트라석에 앉아 무대 위의 배우들에게 전보를 보냈고, 자기 목소리가 닿을 수 있는 거리에 있는 사람들에게도 전보를 보냈다. 한 번은 몸을 창밖으로 내밀고 반대쪽 창가에 있는 사람에게 소리친 적도 있다. "이봐요, 내가 전보 보냈는데 왜 아직 답장이 없는 거죠?" 또 공중전화 옆을 지나칠 때면 거의 반드시 10여 명의 사람들에게 전화를 걸었다. 그리고 자기 직원들에게 전화를 하기 위해 거의 매일 아침 6시에 잠에서 깼다.

지그펠드는 17달러나 18달러를 아낄 방법을 몇 시간이나 궁리하면서도 다음 날 월스트리트에서 10만 달러를 잃어버려도 눈 하나 깜박이지 않는 인물이었다. 한 번은 에드 윈에게 5,000달러를 빌려서는 그 돈을 대륙 횡단을 위한 전세 열차를 빌리는데 쓰기도 했다.

순전히 지그펠드의 정중한 태도와 배려하는 마음 덕분에 여성들은 자신이 아름답다고 느끼게 되었다. 공연 개막일 밤에는 그의 합창단에 소속된 모든 여성들에게 꽃다발을 보냈고, 심지어 그에게 취직을 부탁한 나이 들고 약간 제정신이 아닌 듯한 여성들에게도 똑같이 배려했다.

지그펠드는 자신의 최고 인기 스타들에게 일주일에 평균 5,000달러를 지급했다. 그래서 시즌이 끝날 때는 은행에 쌓인 그들의 돈이 지그펠드가 가진 그것보다 더 많게 되는 경우도 빈번했다. 그가 쇼비즈니스 업계에 발을 들여놓았을 당시, 여성 합창단원은 주급 30달러를 받았다. 그러나 그의 통 큰 경영으로 그들의 가치는 주당 125달러로 상승했다.

지그펠드는 열네 살이라는 이른 나이에 처음으로 연예계에 진출했다. 집에서 가출한 그는 버펄로 빌의 <와일드 웨스트 쇼>에서 곡예기수曲藝騎手와 멋진 총잡이 역할을 했다. 스물다섯 살 때는 <형편없는 90년대>에 나오는 건장하고 섹시한 남자 산도우의 매니저가 되어 큰돈을 벌었다. 그러나 2년 뒤에는 완전히 빈털터리가 되어 런던에 머물렀다. 몬테카를로의 도박장에서 자신의 운을 시험해보다 운명의 반전으로 말 그대로 무일푼이 된 것이다.

졸지에 알거지 신세로 전락했음에도 이 위대한 사업가는 전혀 걱정하지 않았다. 순전히 타고난 매력과 수완을 발휘하여 그는 또 다른 쇼를 준비했고, 선풍적 인기를 끌고 있던 유럽 최고의 스타 안나 헬드와 함께 미국으로 금의환향했다. 안나 헬드는 쾌활하고 생기발랄한 미인으로 전성기의 미국 육체파 여배우 메이 웨스트와 견줄 만한 여성이었다.

그 전부터 미국의 일류급 제작자들이 안나 헬드에게 손짓하며 뉴욕에 와달라고 사정했고, 굉장한 조건을 제시하며 그녀를 유혹했다. 그러나 안나 헬드의 의상실에 직접 들어가 그녀의 마음을 사로잡은 후 계약서에 서명하게 하고 하루아침에 명성을 날린 사람은 겨우 스물일곱 살에다 사실상 무명의 땡전 한 푼 없던 플로렌즈 지그펠드였다.

안나 헬드는 미국을 매료시키며 즉시 센세이션을 불러일으켰다. 코르셋, 페이스 파우더, 모자, 향수, 발, 칵테일, 강아지, 담배 등에 이르기까지 모든 상품에 그녀의 이름이 붙었고, 전국 방방곡곡에서 사람들은 그녀를 위해 샴페인으로 건배했다. 그리고 1년이 지나지 않아 플로렌즈 지그펠드는 그녀와 결혼했다.

여러 해가 지난 후 그는 안나 헬드와 이혼했고 다시 빌리 버크와 열정적인 사랑에 빠졌다. 그녀를 만난 바로 다음 날, 그는 한 꽃가게의 꽃을 몽땅 사서 그 모두를 그녀의 집으로 보냈다. 스위트피, 난초, 카네이션, 그리고 창가에 있던 오렌지 나무까지 모조리 실어 보냈다. 빌리 버크가 그에게 전화로 감사 인사를 전하려 했으나 그가 통화 중이어서 연결이 되지 않았다고 말하자 지그펠드는 벨소리가 특이한 그녀 전용의 황금 전화기를 설치했다.

지그펠드는 우유부단을 즐겼다. 뭔가 결정하기를 싫어한 것이다. 그의 책상 위에는 항상 감초로 만든 사탕 한 통이 놓여 있었는데, 한 친구가 그에게 정말 감초를 좋아하는 거냐고 물었을 때 그는 이렇게 대답했다. "그게 전부 검정색이잖나. 그래서 어떤 색깔이 제일 좋을지 고민할 필요가 없거든."

그는 자신의 <폴리즈>에 출연할 세계 최고의 코미디언들을 고용했다. 그러나 그 자신은 절대 그들의 익살에 웃지 않았다. 에드 윈도 에디 캔터도 윌 로저스도 그를 웃게 하지 못했다. 너무도 냉랭한 반응에 배우들은 그에게 '얼음물'이라는 별명을 붙여주었다.

24년 동안 <폴리즈>의 개막 공연일 밤은 뉴욕을 뒤흔드는 하나의 사건이었다. 리무진이 거리를 가득 메웠고 실크 모자와 흰 담비 숄을 두른 사람들이 로비에 밀려들었다. 약삭빠른 암표 상인들은 피곤한 비즈니스맨들에게 맨 앞줄 좌석 티켓 두 장을 300달러에 팔았다.

무대 뒤도 몹시 소란스러웠다. 의상 담당자와 배달 사환들이 서로 부딪쳤고, 무대 공포증이 있는 코미디언들은 무대 옆에서 중얼거렸다. 합창단 여성들은 미친 듯이 옷을 찾았다. 이 모든 혼란과 소동의 와중에도 단 한 사람만은 냉정을 잃지 않고 차분하게 평정을 유지했다. 바로 지그펠드였다. 첫 공연을 놓치지 않는 뉴욕의 세련된 관객들은 이 특별한 날을 위해 연미복과 흰색 넥타이로 한껏 멋을 냈다. 하지만 지그펠드 자신은 평범한 회색 신사복 차림으로 나타났다. 심지어는 특별석에노 앉지 않고 발코니와 연결된 계단에서 쇼를 관람했다.

1929년 월스트리트가 붕괴되었을 때, 위대한 미녀 제조기 지그펠드의 화려한 인생도 함께 막을 내렸다. 그때부터 세계에서 가장 현란한 쇼를 위해 수백만 달러를 아낌없이 뿌려댔던 마술사는 자기 집세도 못 내는 처지로 전락했다. 마지막 <폴리즈>는 부분적으로 그의 스타들과 직원들이 마련한 자금으로 무대에 올려졌다.

지그펠드는 1932년에 캘리포니아에서 사망했다. 죽기 직전 의식이 혼미한 상태에서 그는 자신이 쇼를 감독하고 있다고 상상했다. 그의 무대는 흰색 입원실이었고 그의 오케스트라는 라디오 한 대뿐이었으며, 배우는 집에 딸린 간병인 한 명이 전부였다. 입술은 바싹 마르고 눈은 열기로 붉어졌지만, 지그펠드는 침대에 앉아 보이지 않는 출연진들에게 소리쳐 지시를 내렸다.

"커튼!" 그는 외쳤다. "빠른 음악! 조명! 피날레 준비!" 그리고 마침내 잦아드는 목소리로 중얼거렸다. "좋아! 아주 훌륭해! ……아주 ……멋져!"

…6
엔리코 카루소

농사일을 하며 아들의 음악 교육을 뒷바라지한 어머니와
세계 최고의 성악가로 우뚝 선 아들

1921년 엔리코 카루소가 마흔여덟의 나이로 세상을 떠났을 때, 온 세계가 슬픔으로 말을 잃었다. 살아 있는 사람들이 가장 아름답게 기억하는 목소리가 영원히 침묵하게 된 것이다. 카루소는 전 세계의 박수갈채를 한 몸에 받던 시기에 세상과 작별했다. 과로에 지친 그는 감기에 걸렸으나 별로 대수롭지 않게 여겼다. 그리고 그가 용감하게 죽음과 사투를 벌이던 6개월 동안 그를 사랑했던 세계인들은 그의 회복을 기원하는 미사를 드리고 간절한 기도를 올렸다. 카루소의 매혹적인 목소리는 단지 신의 선물이었을 뿐 아니라, 오랜 시간의 고된 노력, 부단한 연습, 꺾이지 않는 의지의 결과였다.

처음에 그의 목소리는 너무 약하고 가늘어서 한 선생님은 그에게 이렇게 말했다. "넌 노래할 수 없다. 너한텐 전혀 목소리가 없어. 덧문에 부는 바람 소리처럼 들린단 말이다." 오랫동안 그의 목소리는 고음에서 갈라졌고, 연기도 너무 형편없어 실제로 공연 중에 청중들의 야유를 받았다.

불멸의 카루소만큼 성공의 포도주에 그렇게 깊이 취한 사람은 별로 없었다. 그러나 명성의 정점에서도 그는 초창기의 시련을 떠올릴 때면 눈물을 터뜨리곤 했다. 카루소의 어머니는 그가 열다섯 살 때 돌아가셨고, 카루소는 어디를 가든 평생 어머니의 초상화를 갖고 다녔다. 그녀는 스물한 명의 자녀를 낳았는데, 그중 열여덟 명은 유아기 때 죽고 셋만 살아남았다. 어머니는 고난과 슬픔 외에는 아는 것이 별로 없는 농민에 불과했다. 그럼에도 그녀는 이 유일한 아들이 천재적인 자질을 타고났음을 알아보았고, 아들의 장래를 위해 온갖 희생을 마다하지 않았다. 카루소는 이렇게 말하곤 했다. "어머니는 제가 노래할 수 있도록 신발도 없이 지내셨습니다." 이 말을 하면서 그는 눈물을 흘렸다.

카루소 나이 겨우 열 살 때, 아버지는 그가 학교를 그만두고 공장에서 일하게 했다. 일을 마치고 돌아온 후 매일 저녁 카루소는 음악을 공부했다. 그리고 스물한 살이 되어서야 공장을 그만두고 마음껏 노래할 수 있었다. 마침 그때 그는 인근 카페에서 저녁 시간에 노래 부르는 일을 하게 되었고, 종종 어떤 여인의 창가 아래서 세레나데를 대신 불러주는 일을 맡아서 했다. 여인을 사모하는 음치 연인이 달빛 아래서 온갖 사랑의 제스처를 취해 보이는 동안 카루소는 문간에 숨어 천사의 그것처럼 감미롭고 매혹적인 음성으로 자신의 영혼을 토해냈다.

그 후 마침내 처음으로 오페라 무대에 설 수 있는 실질적인 기회를 얻게 되었을 때, 그는 리허설 도중 너무 불안해하는 바람에 목소리가 갈라지고 유리조각처럼 쪼개졌다. 계속 연거푸 시도해 보았지만 음 하나하나가 다 엉망이었다. 결국 그는 울음을 터뜨리며 극장에서 뛰쳐나갔다.

정식으로 오페라 데뷔를 했을 때, 카루소는 얼큰하게 취해 있었고 청중들은 고함과 야유로 그의 목소리를 짓눌러버렸다. 그 당시 그는 대역에 불과했다. 어느 날 저녁, 주역을 맡았던 테너가 갑자기 병에 걸렸고, 카루소도 그 자리에 없었다. 극장 측은 급하게 사람을 보내 그를 찾았고, 그는 완전히 고주망태가 된 상태로 술집에서 발견되었다. 그는 전속력으로 극장으로 달려갔고 흥분으로 가쁜 숨을 몰아쉬며 극장에 도착했지만 답답한 의상실의 열기와 술기운이 감당하기 버거웠다. 온 세상이 회전목마처럼 빙글빙글 돌기 시작했다. 카루소가 무대 위로 걸어 나왔을 때, 극장은 그야말로 아수라장이 되었다.

공연이 끝난 후 그는 해고되었다. 다음 날, 너무 상심하고 절망한 카루소는 자살을 결심했다. 주머니에는 1리라밖에 없었다. 포도주 한 병을 살 만한 돈이었다. 하루 온종일 먹지도 못했다. 그가 술을 마시며 자살할 방법을 궁리하고 있을 때, 문이 활짝 열리며 오페라단에서 보낸 심부름꾼이 나타났다.

"카루소!" 그가 외쳤다. "카루소, 나와요. 사람들이 다른 테너 가수의 노래는 안 들으려고 해요. 야유를 하며 무대 밖으로 쫓아버렸죠. 그들은 당신을 찾고 있어요. 바로 당신을요!"

"나를 찾고 있다고?" 카루소가 말했다. "말도 안 돼. 그 사람들은 내 이름도 몰라요."

"그야 그렇죠." 심부름꾼이 숨을 헐떡이며 대답했다. "하지만 그래도 그들은 당신을 원해요. '그 술주정뱅이'를 불러오라고 야단이랍니다."

사망할 당시 엔리코 카루소는 엄청난 부자가 되어 있었다. 그의 축음기 음반 수입만 해도 200만 달러가 넘었다. 그러나 젊은 시절에 맛본 가난의 매운 맛을 잊지 못한 카루소는 죽을 때까지 장부에 모든 지출 내역을 기록했다. 소장용으로 구입한 매우 귀한 레이스나 상아 조각품, 심지어 벨보이에게 준 팁까지 모든 지출의 정확한 액수를 기록으로 남겼다.

카루소는 이탈리아 농부들이 믿는 온갖 미신에 사로잡혀 지냈다. 그는 죽는 날까지 악마의 눈을 두려워했으며, 바다를 건널 때는 그 전에 꼭 점성술사의 자문을 구했다. 또 절대 사다리 밑으로는 가지 않았으며 금요일에는 새 옷을 입지 않았다. 그리고 목요일이나 금요일에는 절대 여행을 떠나거나 새로운 일을 시작하지도 않았다.

청결에 대한 결벽증도 심해 집에 들어올 때는 언제든 속옷과 각반을 포함한 모든 옷을 갈아입었다.

카루소는 세계에서 가장 희귀하고 아름다운 목소리를 지녔지만, 의상실에서 메이크업을 하는 동안 담배를 피웠다. 사람들이 담배를 피우면 목소리가 상하지 않겠느냐고 물었을 때 그는 그냥 웃기만 했다. 식사를 조절해야 한다는 생각에도 코웃음을 쳤다. 그는 공연할 때마다 목을 청소하기 위해 무대에 오르기 직전 위스키 한 모금과 소다수를 들이켰다.

카루소는 열 살 때 학교를 떠났고, 사실상 책은 한 권도 읽지 않았다. 그는 아내에게 이렇게 말했다. "책은 읽어 뭐해? 난 인생 자체로부터 배워." 책을 읽는 대신 카루소는 자신이 수집한 우표와 희귀 동전을 감상하는데 많은 시간을 보냈다. 또 만화를 그리는데 뛰어난 재주가 있어 매주 이탈리아의 한 잡지에 만화를 기고했다.

오랫동안 카루소는 비명이 나오게 할 정도의 극심한 두통에 시달렸고, 나이가 들면서 그의 놀라운 활력도 차츰 기운을 잃어가기 시작했다. 그는 점점 더 많은 시간을 자기 서재의 고요한 공간에서 보냈고, 군중들의 박수갈채에는 차츰 관심을 잃어갔다. 마침내 그는 회색빛 우울에 굴복했고 신문을 들여다보며 그것들을 스크랩하느라 오려내고 정리하고 풀로 붙이는데 많은 시간을 보냈다.

카루소는 나폴리에서 태어났다. 그러나 그가 처음에 자신의 고향에서 노래하려 했을 때, 신문들은 그를 비판했으며 청중들은 냉랭

했고 무덤덤했다. 깊은 상처를 받은 카루소는 그들을 결코 용서하지 않았다. 전성기 때 종종 나폴리에 갔음에도 그는 절대 그곳에서 다시 노래하지는 않았다.

아마 그의 인생에서 가장 벅차고 행복했던 순간은 자기 딸 글로리아를 처음으로 팔에 안았을 때일 것이다. 그는 누차 자기는 그저 그 애가 얼른 커서 복도를 달려와 아빠의 작업실 문을 여는 순간을 기다리고 있을 뿐이라고 말했다. 그리고 어느 날 이탈리아에서 카루소가 자신의 피아노 옆에 서 있었을 때 바로 그 일이 일어났다. 그는 어린 딸을 팔에 안고 눈물을 흘리며 아내에게 말했다. "내가 이 순간만 기다리고 있었다는 거 알아?"

그로부터 일주일이 지나지 않아 그는 세상과 영원히 이별했다.

...7
로버트 팰컨 스콧

"그는 남극의 비밀을 찾아 나섰다가 신의 비밀을 발견했다."

나는 두 번째로 남극에 도달한 탐험가 로버트 팰컨 스콧의 이야기보다 더 영웅적이고 감동적이며 비극적인 이야기를 알지 못한다. 스콧과 두 동료가 로스 아이스 배리어에서 비극적인 최후를 맞은 이야기는 여전히 인류의 마음을 뒤흔들어 놓는 힘이 있다.

스콧의 사망 소식은 1913년 2월의 어느 화창한 오후에 영국에 전해졌다. 영국에서 가장 먼저 봄을 알리는 꽃의 전령인 크로커스가 리젠트 공원에서 한창 피어나고 있을 무렵이었다. 영국은 트라팔가에서 날아든 넬슨 제독의 전사 소식을 접한 이후 가장 큰 충격에 휩싸였다.

22년 뒤에 영국은 스콧을 추모하며 세계 최초의 극지 박물관을 그에게 헌정했다. 전 세계에서 극지 탐험가들이 개관식에 몰려들었다. 건물 정면에는 다음과 같은 로버트 스콧의 비문이 라틴어로 적혀 있다.

"그는 남극의 비밀을 찾아 나섰다가 신의 비밀을 발견했다."

스콧은 테라노바 호를 타고 비극적인 남극 탐험의 장정에 올랐다. 배가 남극권의 차가운 물속으로 들어선 순간부터 불운이 그의 뒤를 따라다니며 헤살을 놓았다. 거대한 파도가 선체를 난타하고 화물이 갑판에서 쓸려나가며 엄청난 양의 파도가 짐칸으로 쏟아져 들어왔다. 보일러 난방기가 물에 잠겼고 펌프는 막혀버렸다. 며칠 동안 성난 파도는 그 튼튼한 배를 자기 노리개라도 되는 양 이리 굴리고 저리 굴렸다. 그러나 이 정도는 스콧에게 닥칠 불운의 서막에 불과했다.

그는 시베리아의 얼어붙은 동토에서 추위에 단련된 작고 튼튼한 조랑말들을 데려왔지만, 그들 역시 극심한 고통 속에 괴로워했다. 녀석들은 가루 같은 눈 속에서 무기력하게 허우적거렸고, 결국은 크레바스에서 다리가 부러져 총을 쏴 사살해야 했다. 유콘에서 데려온 강인한 에스키모개들도 미쳐 날뛰며 빙하의 갈라진 틈 너머로 무작정 내달리더니 그대로 추락해 버렸다.

그 후 스콧과 네 명의 동료 대원들은 약 500킬로그램 무게의 썰매를 이용하여 남극을 향해 전진했다. 그들은 매일 해발 3,000미터의 희박하고 차가운 공기 속에서 숨을 헐떡이며 각자 짐을 끌고 거친 얼음들판 위를 묵묵히 걸어갔다.

그러나 그들은 불평하지 않았다. 그때까지 인간이 시도한 가장 참혹한 여행의 끝에는 승리가 기다리고 있었고 6일간의 천지창조 이후로 한 번도 인간의 발길이 닿은 적 없는 신비로운 극지가 기다리고 있었다. 그곳은 살아 있는 것도 숨 쉬는 것도 움직이는 것도, 심지어는 길 잃은 갈매기 한 마리도 없는 곳이었다.

그렇게 강행군한 지 14일째에 그들은 극지에 도착했다. 그러나 거기서 그들을 맞은 것은 실망과 비통함뿐이었다. 그들 앞에 꽂혀 있던 막대기 꼭대기에는 찢어진 천 조각 하나가 맹렬한 바람을 타고 자랑스럽게 펄럭이고 있었다. 그것은 노르웨이의 국기였다. 노르웨이 탐험가 아문센이 그들보다 앞서 그곳을 다녀간 것이다. 수년간의 준비와 수개월간의 극심한 고통에 대한 보람도 없이 겨우 5주 차이로 승리를 빼앗긴 것이다. 그들은 실망을 곱씹으며 귀로에 올랐다.

문명 세계로의 귀환을 위한 그들의 비극적 사투에 대한 이야기는 그야말로 고난의 대서사시였다. 살을 찌르는 듯한 매서운 칼바람에 그들의 얼굴은 얼음으로 뒤덮였고 턱수염까지 얼어붙었다. 그들은 비틀거리고 넘어졌다. 모든 부상은 그들을 죽음에 한 발 더 다가서게 했다. 먼저 팀에서 가장 강한 남자였던 에반스 하사관이 미끄러져 넘어지면서 얼음에 머리를 부딪치는 바람에 목숨을 잃었다.

다음에는 오츠 대위가 발에 동상이 걸려 거의 걸을 수 없을 지경이 되었다. 그는 자신이 동료들에게 짐이 되고 있음을 알고 있었다.

그래서 어느 날 밤, 그는 신과 같은 행동을 했다. 동료들이 살 수 있도록 맹렬한 눈보라 속으로 걸어 나가 스스로 죽음을 택한 것이다.

과장된 말이나 행동도, 신파극도 없이 그는 차분하게 말했다.

"나 밖으로 나가네. 머지않아 가게 되겠지."

그는 영원히 가버렸다. 그의 얼어붙은 몸은 발견되지 않았다. 그러나 현재 그가 사라진 지점에 기념비가 세워져 있고 그 위에 이런 글이 새겨져 있다.

"아주 용감한 한 신사가 이 부근에서 잠들다."

스콧과 두 동료들은 비틀거리며 계속 나아갔다. 그들의 행색은 더 이상 사람의 그것이 아니었다. 그들의 코와 손가락, 그리고 발은 추위로 부서지기 쉬운 상태였다. 남극을 떠난 지 50일이 되는 1912년 2월 19일에 그들은 마지막으로 캠프를 설치했다. 그들에게는 각자 차 두 잔을 만들 정도의 연료와 이틀 더 연명할 정도의 식량이 남아 있었다. 그들은 자기들이 귀환에 성공했다고 생각했다. 비품이 묻혀 있는 지점을 겨우 18킬로미터 앞두고 있었던 것이다. 한 차례의 강행군만 잘 견뎌내면 살아날 수 있었다.

그러나 갑자기 들이닥친 비극적 상황이 그들을 압도해 버렸다. 거센 눈보라가 짐승처럼 우짖으며 휘몰아쳤다. 바람의 힘이 얼음을 깎아낼 정도로 광포하고 맹렬하며 날카로웠다. 땅 위의 어떤 생명체도 이런 위세 앞에서는 목숨을 보전할 수 없었다. 눈보라가 포효하며 으르렁거리는 열하루 동안 스콧과 동료들은 꼼짝없이 텐트에 갇혀 있었다. 비품도 모두 바닥이 났다. 그들은 최후가 다가왔음을 알았다.

해결책이 있었다. 그것은 쉬운 방법이었다. 그들에게는 아편이 있었다. 그것도 이런 응급 상황에 대비해 많은 양을 가져왔다. 이것을 대량 복용하면 그들은 유쾌한 꿈속으로 빠져들어 다시는 깨어날 필요가 없었다. 하지만 그들은 이 약을 무시했다. 그들은 영국 특유의 멋진 스포츠맨십을 발휘하여 죽음과 맞서기로 했다.

최후의 한 시간 동안 스콧은 제임스 배리 경에게 편지를 써서 그들의 최후를 묘사했다. 식량은 바닥났고 죽음이 그들의 턱 끝을 조이고 있었다. 하지만 스콧은 이렇게 썼다.

“우리가 부르는 흥겹고 유쾌한 노랫소리를 들으신다면 기분이 좋아지실 텐데요.”

남극의 태양이 평화로이 빛나는 얼음 위를 내리쬐던 8개월 후의 어느 날, 탐색대가 그들의 얼어붙은 몸을 발견했다. 그들은 최후를 맞은 곳에 묻혔고, 그 위로 두 개의 스키를 한데 묶어 만든 십자가가 세워졌다. 그리고 테니슨의 아름다운 글귀가 그들의 평범한 무덤 위를 장식했다.

한결같은 영웅의 기개는
세월과 운명에 쇠약해졌지만,
의지만은 굳건하다.

분투하고 추구하고 발견하고
결코 굴하지 않으리니!

...8
로렌스 티베트

한때 집세를 내기 위해 포도를 따야 했던,
억만금의 가치를 지닌 목소리의 주인공

1922년, 로렌스 티베트는 로스앤젤레스 근처에 살며 아내를 부양하기 위해 힘든 시기를 보냈다. 일요일에는 교회 성가대에서 노래했고, 이따금 5달러를 받고 결혼식에서 축가를 부르기도 했다.

티베트는 오랜 세월 공부하며 기회를 기다렸지만, 뭔가 이렇다 할 결실을 맺지는 못했다. 그러나 그에게는 그의 진가를 알아본 친구 루퍼트 휴스가 있었다. 휴스는 이렇게 말했다.

"넌 위대한 가수가 될 소질이 있어. 넌 뉴욕에서 공부해야 해."

이 작지만 따뜻한 격려는 그의 인생에 전환점이 되었다. 이 말에 힘을 얻은 티베트는 2,500달러를 빌려 동부로 떠났다. 뉴욕에서 성공하지 못하면 어떻게 될까? 그럴 경우에는 캘리포니아로 돌아와 트럭을 팔며 입에 풀칠할 계획이었다.

그때가 1922년이었다. 티베트는 너무 가난하여 도시에서 살 수가 없어 시골에 있는 집을 빌렸다. 다행히 그 집은 포도밭 한가운데 있어서 포도만큼은 먹고 싶은 만큼 공짜로 먹을 수 있었다. 사실 포도 외에는 먹을 것이 거의 없을 때도 있었다고 그는 털어놓았다. 한 달 집세는 12달러 50센트에 불과했지만, 그 돈은 그가 가수 활동으로 버는 수입보다 훨씬 많을 때도 있었다. 한때는 열 달이나 집세가 밀려 빚을 갚기 위해 포도를 따고 가지를 잘라내는 일을 한 적도 있었다.

티베트는 한 달에 5달러를 주고 피아노를 빌렸지만, 그것을 거실에다 둘 수 없었다. 곧 무너질 듯한 낡은 집이 가파른 산비탈에 위치한 데다 집의 앞면이 높은 기둥들로 받쳐져 있었기 때문이다. 티베트는 피아노의 무게에 마루가 주저앉으면서 피아노가 포도밭 사이를 굴러 언덕 아래에 처박힐까 두려웠다.

처음에 뉴욕에 왔을 때, 그는 메트로폴리탄 오페라하우스의 가장 싼 좌석의 티켓도 구입할 여유가 없었다. 그래서 2달러 50센트를 주고 입석표를 산 다음 그 웅장한 오페라하우스의 뒤에 서서 불후의 명성을 지닌 스코티와 아름다운 메리 가든이 펼치는 화려한 공연을 관람했다. 그 당시 그는 방세와 레슨비를 내기 위해 친구들로부터 돈을 빌려야 했다.

그러나 그로부터 10년 뒤에는 그 자신이 당당하게 메트로폴리탄의 장엄한 무대 위를 오가며 청중들의 열광적인 환호를 이끌어내고 단 한 차례의 공연에서 스물두 번의 커튼콜을 받으며 세계 최고의 바리톤으로 우뚝 섰다.

매년 좋은 목소리를 지닌 수많은 야심찬 젊은이들이 부와 명성을 갈망하여 뉴욕으로 몰려든다. 나는 그들 중 얼마나 꿈을 이루지 못하고 실패하는지 궁금할 때가 많았다. 그래서 로렌스 티베트에게 물어보았고, 그는 1,000명 중 999명이 그렇다고 답했다. 그리고 그들 대다수가 실패하는 것은 목소리가 좋지 않아서가 아니라, 목소리를 지적으로 이용하는 능력이 부족해서라고 덧붙였다. 그들은 쇼맨십, 곧 청중을 휘어잡고 자신의 노래를 호소력 있게 전달하며 청중들로 하여금 바로 그들 자신이 노래하고 있다는 느낌이 들게 만드는 능력이 없다는 지적이었다.

로렌스 티베트는 캘리포니아 주 베이커스필드에서 어린 시절을 보냈다. 그의 아버지는 오랫동안 캘리포니아에서 카우보이로 일하며 말을 타고 방목장을 돌고 울타리를 수리하며 송아지에 낙인을 찍고 소도둑과 싸웠다. 아버지는 벨트에 진주 손잡이의 큰 권총을 차고 다녔으며 백발백중의 명사수였다. 또 자기 총에 두 개의 표식을 해두었는데, 그것은 그가 이미 소도둑 두 명을 죽였다는 의미였다. 나중에 그는 캘리포니아 주 컨 카운티의 보안관으로 일했다.

티베트의 아버지는 집에 무기고를 갖추고 있었으며, 귀가 길고 눈이 슬퍼 보이는 큰 개를 뒷마당에 묶어놓고 키웠다. 총격 사건이 발생하면 바로 전화가 울렸고, 티베트 보안관은 즉시 총을 잡고 개를 끌고는 범죄 현장으로 달려가 바로 추적에 나섰다. 로드–이것이 그 개의 이름이었다.–는 우렁차게 짖으며 들판과 과수원을 가르며 내달렸고 티베트 보안관은 줄을 잡고 그 뒤를 뛰어 쫓아가면서 팔을 흔들며 소리쳤다. "로드가 잡았어! 로드가 놈을 잡았어!" 그러나 로드가 추적하여 잡아낸 것은 대개 늙은 소나 코요테였다.

어린 래리(로렌스) 티베트에게 보안관은 아주 멋지고 짜릿하고 매력적인 일처럼 보였다. 그래서 그의 소년 시절 꿈은 아버지처럼 보안관이 되는 것이었다. 그런데 갑자기 비극적인 사건이 발생했다. 그의 아버지가 짐 맥키니와의 싸움에서 총에 맞아 사망한 것이다. 맥키니는 서부에서 가장 악명 높은 은행 강도이자 총잡이들 중 하나였다.

이 충격전은 로렌스 티베트의 삶을 송두리째 바꿔놓았다. 그의 아버지는 매우 종교적인 분이어서 흡연, 춤, 카드놀이, 연극 등을 매우 못마땅해 했다. 그래서 티베트는 만약 아버지가 돌아가시지 않았다면 자신은 감히 가수와 배우가 될 생각은 절대 못 했을 거라고 내게 말했다.

고교 시절 티베트는 열등감에 괴로워했다. 그의 어머니는 하숙집을 운영하셨는데, 티베트에게는 옷이 한 벌밖에 없었고 바지는 너무 짧았다. 그리고 좋아하는 여자 친구에게 구멍가게에서 아이스크림소다 한 잔 사줄 수 없을 정도로 가난했다. 다른 학생들은 그를 무시했다. 그래서 그는 스스로 유명해지기로 결심했고 명성을 얻기 위한 지름길을 찾았다. 그러나 그 과정이 쉽지 않았다. 티베트는 학생 합창단원이 되려 했지만 받아들여지지 않았고, 고등학교 연극 활동에 끼어보려 했지만 아무도 그를 원하지 않았다. 캘리포니아가 배출한 가장 유명한 가수가 될 운명이었던 이 소년은 고등학교 연주회에서 노래를 부르고자 했을 때도 냉정하게 거절당했다. 그의 내면에 잠재된 천재의 불꽃은 그가 스물한 살이 되어서야 목소리를 통해 빛을 내뿜게 되었다.

티베트는 황홀한 전율을 느끼게 하는 음악이 가장 위대한 음악이며, 우리의 대중음악에도 아주 훌륭한 곡들이 많다고 말한다. '완벽한 하루의 끝 *The End of a Perfect Day*' 은 가장 인기 있는 노래 중 하나이며, 적어도 500만 명의 사람들이 그 음반을 구입했다. 그 소박한 노래가 진정으로 위대한 음악이라는 것이 티베트의 생각이다. 또 그는 '올드 맨 리버 *Old Man River*' 와 '랩소디 인 블루 *Rhapsody in Blue*' 가 가장 위대한 비엔나 작곡가들이 만든 어떤 곡 못지않게 아주 훌륭하다고 믿는다.

...9
윌리엄 셰익스피어

마지못해 결혼한 위대한 극작가

살아생전에 그는 누구에게도 별다른 주목을 받지 못했다. 죽은 지 100년이 지난 뒤에도 사실상 계속 무명의 상태에 머물러 있었다. 하지만 그 이후에는 그에 대해 무수한 글들이 쓰였다. 자신의 깃펜으로 지혜의 이빨을 갈았던 그 어떤 작가보다 그는 더 많은 논평과 연구의 대상이 되었다. 매년 수천 명이 마치 성지 순례를 하듯 그가 태어난 곳을 찾는다.

나는 1921년에 그곳에 갔다. 그때 스트랫퍼드에서 슬래터리 사이의 들판을 걸어서 횡단했는데, 바로 어리숙한 시골 소년이었던 셰익스피어가 애인인 앤 훼이틀리와 만나기 위해 불타는 가슴을 안고 급히 종종걸음 쳤던 곳이었다.

그때 셰익스피어는 자신의 이름이 세세토록 영광의 찬가 속에 울려 퍼지게 되리라고는 거의 상상도 못 했다. 그리고 다행히 그의 낭만적인 풋사랑이 슬픔과 오랜 세월의 회한으로 이어질 운명이라는 사실 역시 거의 짐작도 못 했다.

셰익스피어 인생의 비극은 그의 결혼이었다. 그에 대해서는 의심의 여지가 없다. 물론 그는 앤 훼이틀리를 사랑했다. 그러나 달빛이 환한 어느 날 밤에 그는 또 다른 연인 앤 해서웨이와 함께 감히 운명에 도전하는 만용을 부렸다.

자신의 남자가 다른 여자와의 결혼 허가를 받아냈다는 사실을 알게 된 앤 해서웨이는 까무러치게 놀랐다. 그녀는 두려움으로 미칠 지경이었다. 앤 해서웨이는 절망적인 심정으로 이웃집들로 달려가 부끄러움에 눈물을 흘리며 셰익스피어가 왜 자신과 결혼해야 하는지 설명했다. 소박하고 정직한 농사꾼이었던 그녀의 이웃들은 도덕적인 분노로 불타올랐다. 바로 다음 날, 그들은 읍 공회당으로 가서 셰익스피어와 앤 해서웨이의 결혼 계약을 공시했다.

셰익스피어의 신부는 그보다 여덟 살 많았다. 애초부터 그들의 결혼은 비참한 한 편의 익살극이었다. 셰익스피어는 자신의 희곡에서 누차 남자들에게 자기보다 나이 많은 여자와 결혼하지 말라고 경고했다. 실제로 그는 앤 해서웨이와 거의 함께 살지 않고 결혼한 이후 대부분의 생활을 런던에서 했으며 가족에게는 아마 1년에 한 번 정도밖에 들르지 않았을 것이다.

오늘날 스트랫퍼드어폰에이번은 작은 초가집, 접시꽃 정원, 구불

구불한 예스러운 길들이 아름다운, 영국에서 가장 사랑스러운 마을 중 하나다. 하지만 셰익스피어가 그곳에 살았을 때도 그랬을까? 그곳은 더럽고 가난하며 질병으로 황폐화된 마을이었다. 하수관도 없었고, 돼지들이 큰길로 떼지어 다니며 쓰레기를 먹어치웠다. 읍 공무원이었던 셰익스피어의 아버지는 마구간에서 나온 거름을 문 밖에 쌓아두어 벌금을 물기도 했다.

미국인들은 자신들도 힘든 시기를 겪었다고 생각한다. 그러나 셰익스피어 시절에는 스트랫퍼드 인구의 절반이 공적 구제에 의지해 생활했다. 또 대부분의 사람들이 문맹이었다. 셰익스피어의 부모, 누이, 자녀, 손녀 모두가 읽고 쓸 줄 몰랐다.

영문학의 힘과 영광이 될 운명이었던 이 남자는 열세 살 때 학교를 떠나 일하러 가야 했다. 그의 아버지는 장갑을 만들고 농사를 지었으며, 셰익스피어는 소젖을 짜고 양털을 깎고 버터를 만들기 위해 우유를 휘젓고 가축에 무두질하는 일을 도왔다.

그러나 사망했을 때의 셰익스피어는 당시의 기준으로 보면 부자였다. 런던에서 생활한 지 5년이 지나지 않아 그는 배우로서 꽤 많은 돈을 벌어들였다. 또 두 극장의 주식을 샀고 부동산에도 투자했으며 고리의 이자를 붙여 돈을 빌려주는 등의 일을 통해 1년에 300파운드의 수입을 올렸다. 당시 화폐의 구매력은 오늘날의 약 12배 정도였다. 그래서 마흔다섯 살이었을 때의 소득은 1년에 2만 달러 정도가 되었다.

그런데 그는 자신의 유언장에 아내 몫으로 어느 정도의 유산을 남겼을까? 한 푼도 없었다. 그는 아내에게 별로 대단치 않은 침대틀을 제외하고는 아무것도 남기지 않았다. 그나마 그것조차 나중에 결심한 것이었다. 셰익스피어가 이미 유언장을 작성한 후에 넌지시 그 내용을 행간에 적어 넣었기 때문이다.

셰익스피어의 모든 희곡은 그가 죽은 지 7년이 지나서야 책의 형태로 출판되었다. 하지만 셰익스피어 자신은 《햄릿》, 《맥베스》, 또는 《한여름 밤의 꿈》 같은 희곡에 대해 아마 600달러에 해당하는 돈도 벌지 못했을 것이다.

나는 셰익스피어 관련 서적을 다수 저술한 S. A. 탄넨바움 박사에게 스트랫퍼드어폰에이번 출신의 윌리엄 셰익스피어가 우리가 알고 있는 셰익스피어의 희곡들을 직접 썼다는 절대 확실한 증거가 있느냐고 물은 적이 있다. 그때 그는 그것은 링컨이 게티즈버그에서 연설했다는 사실만큼이나 확실하다고 대답했다. 하지만 셰익스피어는 존재하지도 않았다고 주장하는 사람들이 적지 않고, 그의 희곡들이 사실은 옥스퍼드 백작이었던 프랜시스 베이컨 경의 작품이었음을 증명하는 책도 수십 권 쓰였다. 나는 정말 기이한 셰익스피어의 비문을 응시하면서 자주 그의 무덤 앞에 서 있곤 했다.

선량한 벗들이여 제발 부탁하노니
여기 묻힌 흙을 파내지 말지어다.

이 돌을 그대로 두는 자에게는 축복이,
내 뼈를 옮기는 자에게는 저주가 내려질 것이니.

셰익스피어는 작은 마을 교회의 설교단 앞에 묻혔다. 왜 그에게 이런 영광의 장소가 허락되었을까? 400년이 지난 지금에도 여전히 칭송받는 그의 천재성 때문일까? 그럴 리는 없다. 영문학의 북극성이 될 운명이었던 그 작가가 교회에 묻힌 것은 그가 자기 고향에 돈을 빌려주었기 때문이다. 샤일록과 같은 인물을 창조한 사람이 자기 고향에 돈을 빌려주지 않았다면, 오늘날 그의 뼈는 어느 묘비 없는 무덤에 묻혀 완전히 잊힌 채 한줌 먼지로 부서져 있을 것이다.

...10
찰스 디킨스

정규교육 4년의 한계를 딛고 불후의 명작 열일곱 권을 남긴
위대한 소설가

1843년의 크리스마스를 즈음하여 런던에서 불후의 명작이 될 운명이었던 한 얇은 책이 출판되었다. 많은 사람들은 그것을 '세계에서 가장 위대한 작은 책'이라 불렀다. 그 책이 처음 출간되었을 때, 팰맬 거리에서 만난 친구들은 서로에게 이렇게 물었다. "그 책 읽었어?" 그리고 이에 대한 대답은 한결같았다. "그야 물론이지. 그에게 신의 축복이 있기를."

그 책이 출판된 당일에는 1,000부가 팔려나갔다. 그리고 2주일이 지나지 않아 인쇄기들은 1만 5,000부를 토해냈다. 그 이후 책은 수없이 판을 거듭하며 퍼져나갔고, 하늘 아래 존재하는 거의 모든 언어로 번역되었다.

그럼 세계가 알아주는 이 책은 무엇일까? 바로 찰스 디킨스의《크

리스마스 캐럴》이다.

찰스 디킨스는 영문학사에서 가장 많은 작품을 쓰고 가장 사랑받는 작가가 될 운명이었다. 하지만 처음에 글을 쓰기 시작했을 때는 남의 웃음거리가 될까 두려워 아무도 자신의 무모함과 뻔뻔함을 알아채지 못하도록 한밤중에 몰래 나가 우편으로 첫 원고를 보냈다.

당시 그는 스물두 살이었는데, 자신의 소설이 실제로 출판되었을 때는 너무 기뻐 얼굴에 눈물을 줄줄 흘리며 정처 없이 거리를 배회했다. 하지만 그는 이 소설로 한 푼도 벌지 못했다. 그가 다음에 쓴 여덟 권의 소설은 어땠을까? 그 역시 마찬가지였다. 말 그대로 한 푼의 수입도 없었다.

마침내 그가 소설을 쓴 대가로 처음으로 손에 쥔 현금은 딱 5달러짜리 수표 한 장이었다. 그렇다. 그의 첫 소설은 그에게 겨우 5달러를 가져다주었다. 그러나 그의 마지막 원고는 그의 유산 수혜자에게 한 단어에 15달러라는 엄청난 돈을 안겨주었다. 이것은 유사 이래 작가에게 지급된 최고의 액수였다. 한 단어에 15달러다. 그것은 정확하게 캘빈 쿨리지나 시어도어 루스벨트가 받은 금액의 15배에 달하는 큰 액수였다.

대부분의 작가는 사망 후 5년 이내에 무시되고 잊힌다. 그러나 디킨스 사후 60년이 지난 후에도 출판업자들은 《우리 주님의 삶 *The Life of Our Lord*》이라는 작품에 대해 그의 유산 수혜자에게 20만 달러가 넘는 인세를 지급했다. 이 소설은 디킨스가 자신의 아이들을 위해 쓴 작은 책이었다.

찰스 디킨스는 평생 4년 이상 학교에 다닌 적이 없었음에도 최고 수준의 영어 소설을 열일곱 권이나 써냈다. 그의 부모들은 학교를 운영했지만, 디킨스는 결코 그곳에 가지 않았다. 왜 그랬을까? 여학교였기 때문이다. 또는 적어도 그런 학교로 의도되었기 때문이다. 정문 밖에는 '디킨스 여사의 학교'라는 놋쇠 간판이 1년 내내 걸려 있었지만, 런던 전 지역에서 그곳에 교육받으러 오는 여학생은 단 한 명도 없었다.

그러다 보니 가계 빚은 계속 늘어갔고 빚쟁이들은 간청하거나 욕을 하거나 책상을 쾅쾅 두들겨댔다. 그들은 결국 디킨스의 아버지를 고소해 감옥으로 보내버렸다. 찰스 디킨스의 어린 시절은 궁색했고 애처로웠다. 실은 그 이상이었다. 사실 비극적이라고 해야 맞을 것이다. 아버지가 감옥에 갇혔을 때 그는 겨우 열 살이었고, 가족은 먹을 것이 전혀 없었다. 그래서 찰스는 매일 아침 전당포에 가서 남아 있는 가구의 일부를 팔았다. 심지어는 무척 아끼는 책을 열 권이나 팔아야 했다. 그 책들은 그때까지 그가 알고 있던 유일한 친구들이었다. 훗날 그는 이렇게 말했다. "그 책들을 팔았을 때 심상이 찢어지는 것 같았습니다."

마침내 디킨스의 어머니는 네 자녀를 데리고 남편과 같이 살기 위해 감옥으로 갔다. 동틀 무렵에 찰스는 감옥에 도착해서 하루 종일 가족과 함께 그곳에서 보내다가 밤이 되면 음침한 자기 다락방으로 돌아와 다른 두 소년들과 함께 잠을 잤다. 그들은 런던의 빈민가에서 굴러온 부랑아들이었다.

그들은 찰스의 삶을 완전히 지옥으로 만들었다. 마침내 그는 쥐들이 우글대는 창고에서 검정 구두약 병에 상표 붙이는 일을 얻었는데, 거기서 처음으로 받은 돈 몇 푼으로 다른 방을 빌렸다. 그곳은 구석에 더러운 침구들이 아무렇게나 쌓여 있는 작고 어두운 구멍과 같은 곳이었다. 그러나 디킨스는 다락의 그 작은 구멍이 자신에게는 "천국과 같았다."고 말했다.

훗날 작가가 된 디킨스는 빈 죽 그릇을 내밀며 더 달라고 간청하는, 잊을 수 없는 올리버 트위스트의 초상을 창조함으로써 자신의 어린 시절에 복수했다.

디킨스는 소설 속에 완벽한 가정의 행복을 생생하게 묘사했다. 그러나 그 자신의 결혼은 실패했다. 그것도 비참하고 비극적인 실패였다. 그는 사랑하지도 않는 아내와 23년을 살았다. 아내와의 사이에 열 명의 자녀를 두었지만, 해가 갈수록 그의 불행은 깊어졌다. 온 세상 사람들이 그를 칭송하고 우러러보았지만, 그 자신의 가정은 슬픔으로 가득했다.

마침내 그가 더 이상 견딜 수 없을 정도까지 상황은 더욱 비참해졌다. 그래서 디킨스는 전례가 없는 일을 했다. 자기 소유의 잡지사를 통해 그와 아내가 헤어졌다는 내용의 발표문을 게재한 것이다. 그는 이 책임을 스스로에게 돌렸을까? 그렇지 않았다. 그는 모든 책임을 아내에게 덮어씌우려 했다. 디킨스는 관대한 영혼을 지닌 사람으로 알려져 있다. 세상을 떠났을 때, 그는 처제에게 20만 달러를 남겼다. 그런데 자기 자식들의 어머니인 아내에게는 얼마나 남겼을까? 일주일에 고작 35달러였다.

그는 샴 공작처럼 허영심이 강했고, 누가 조금만 비난해도 불같이 화를 냈다. 또 자신의 빼어난 외모에 대한 자부심이 강했다. 1842년 그가 처음으로 미국을 찾았을 때, 사람들은 진홍색 조끼와 청록색 외투를 입은 그의 모습에 매료되었다. 미국인들은 그가 사람들 보는 앞에서 머리를 빗는 모습에 충격을 받았고, 그는 미국인들이 뉴욕 시 거리에 돼지들이 돌아다니게 내버려두는 것을 보고 충격을 받았다.

디킨스는 당대에 가장 사랑받고 가장 우상시된 인물이었다. 그가 두 번째로 미국을 찾았을 때, 사람들은 표를 사기 위해 찬바람에 몸을 떨며 몇 시간이나 줄을 서서 기다렸다. 브루클린에서는 3달러를 내고 그의 강연을 들으려는 사람들이 동상과 폐렴의 위험을 무릅쓰고 모닥불을 피운 채 길 위에 깔아놓은 매트리스 위에서 밤새도록 누워 기다렸다. 그런데도 표가 매진되어 그냥 발길을 돌려야 했던 그의 팬들은 한바탕 소동을 부리기도 했다.

문학의 역사는 모순적인 인물들로 가득하지만, 그들을 통틀어 찰스 디킨스가 그중 가장 눈에 띈다.

...11 마크 트웨인

전화기라는 최신 기계에 대한 투자를 거부하다

할리우드는 2백만 달러를 들여 미국이 배출한 가장 놀라운 한 인물의 삶을 그린 영화를 제작했다. 그는 자기 세대에서 가장 유명한 문학인이었고, 시대에 상관없이 가장 널리 읽히는 유머 감각이 뛰어난 작가였다.

그는 열두 살이 될 때까지 통나무집 학교에 다녔다. 그것이 그가 받은 정규교육의 전부였다. 하지만 옥스퍼드 대학과 예일 대학은 그에게 명예박사 학위를 수여했고, 세상에서 가장 박식한 인물들이 그와의 교제를 원했다. 그는 소설을 써서 어마어마한 돈을 벌었다. 사실 그의 펜 끝에서 탄생한 작품들이 아마 그 어떤 다른 작가의 작품들보다 더 많은 돈을 벌어들였을 것이다. 그는 오래전에 세상을 떠났지만 그의 책에서 나오는 인세와 더불어 영화와 라디오에서 발생하는 수입은 지금도 그의 유산 상속인에게 엄청난 수입을 안겨주고 있다.

이 작가의 실제 이름은 새뮤얼 랭혼 클레멘스지만, 세상에는 마크 트웨인으로 알려져 있다. 마크 트웨인의 인생 전체는 모험으로 점철되었다. 그가 살았던 시기는 미국 역사상 가장 다채롭고 흥미진진한 시기였다. 그는 1835년에 미시시피 강에서 멀지 않은 미주리 주의 한 작고 조용한 마을에서 태어났다. 미국에 첫 번째 철도가 놓인 지 겨우 7년이 지난 시점이었고, 에이브러햄 링컨이 아직 맨발의 농장 일꾼으로 소들을 끌고 쟁기질을 하던 시기였다.

마크 트웨인은 75년의 삶을 아주 스릴 있고 흥미진진하게 살다가 1910년에 코네티컷에서 사망했다. 그는 스물세 권의 책을 썼는데, 그중 일부는 이미 잊혔지만 두 권의 책《허클베리 핀의 모험》과《톰 소여의 모험》은 아마 불멸의 문학적 명성을 이어갈 것이며, 소년들이 소년으로 남아 있는 동안은 만대에 걸쳐 꾸준히 애독될 것이다. 이 두 소설은 작가 자신의 경험을 바탕으로 쓰였다. 정확히 말해 그것들은 쓰였다기보다 작가의 내면에서 폭발했다고 하는 편이 맞을 것이다.

마크 트웨인은 미주리 주 플로리다의 방 두 개짜리 작은 오두막에서 태어났다. 오늘날의 현대적인 농부들이라면 마크 트웨인이 어렸을 때 살았던 가축우리 같은 집에서는 소나 닭들도 키우지 않을 것이다. 그 두 개의 어두운 방에서 일곱 명의 식구와 노예 소녀 한 명이 살았다. 마크 트웨인은 너무 허약하고 자주 아파서 첫 겨울을 나지 못하고 죽을 것으로 여겨졌다. 하지만 이 아이는 차츰 못 말리는 말썽꾸러기로 성장했다. 그의 어머니는 마크가 다른 모든 가족들을 합한 것보다 더 많이 속을 썩였다고 말했다.

그는 늘 짓궂은 장난을 했고, 학교 수업이 너무 따분하여 가끔 집에서 도망쳤는데, 그때는 항상 미시시피 강으로 달려갔다. 마크는 신비한 섬들, 천천히 움직이는 뗏목, 바다로 흘러가는 도도한 물살 등으로 장관을 연출하는 장대한 미시시피 강에 매료되었다. 그는 몇 시간이고 강가에 앉아 공상에 잠기곤 했는데, 그 과정에서 아홉 번이나 물귀신이 될 뻔했다. 그러나 인디언 놀이와 해적 놀이를 하며 동굴을 탐험하고, 거북 알을 먹거나 뗏목을 타고 강을 표류하면서 그는 훗날 자신의 가장 유명한 두 소설에서 불멸화시킬 장면과 인물들을 창조하기 위한 귀중한 경험을 축적했다.

마크 트웨인은 어머니로부터 천재적 유머 감각을 물려받았다. 그는 아버지가 웃는 모습은 한 번도 본 적이 없다고 했지만, 어머니에 대해서는 이렇게 말했다.

"어머니에게는 남자한테는 보기 드물고 여자에게서는 거의 찾을 수 없는 종류의 능력이 있었지요. 바로 그게 재미있다는 것을 전혀 의식하지 못하면서 유머러스한 말을 하는 능력이었습니다."

어머니로부터 물려받은 이 능력은 마크 트웨인을 가장 유머러스한 대중 연사의 한 사람으로 만들어주었다. 이 능력으로 그는 연단에서 큰돈을 벌 수 있었다. 그런데 그의 어머니는 마음이 너무 여려 파리 한 마리도 죽이지 못했고, 심지어는 쥐를 죽였다고 고양이에게 벌을 주기까지 했다. 한 번은 원치 않는 새끼 고양이들을 익사시켜야 했는데, 그때 그녀는 그것들이 편안하게 죽을 수 있도록 물을 따뜻하게 데워주었다.

마크 트웨인은 항상 학교를 경멸했다. 학교는 그에게서 자유를 빼앗아갔고, 그의 마음이 숲 속을 휘젓고 신비로운 미시시피 강의 강둑을 탐험하고 싶은 열망으로 들끓을 때 그를 통나무 오두막의 네 벽 안에 꼼짝 못 하게 가둬놓았다. 그가 열두 살이었을 때 아버지가 돌아가시면서 그는 드디어 그토록 싫어한 학교의 감옥으로부터 탈출할 수 있는 기회를 잡았다.

이제 두 번 다시 아버지를 볼 수 없다는 사실을 알게 된 마크 트웨인은 철없이 천방지축으로 날뛰던 시절과 반항, 그리고 아버지의 뜻에 거역했던 일이 몹시 후회되었다. 감수성이 예민했던 소년은 이제 후회와 자책으로 눈물을 흘렸다.

그때 어머니는 그를 위로하면서 말했다.

"이미 지나간 일은 되돌릴 수 없는 것이고, 이제 더 이상 아버지가 그 일로 마음 상하실 일도 없다. 이제 네가 내게 약속해 줘야 할게 있는데……."

"뭐든 약속할게요."

소년이 흐느끼며 말했다.

"학교로 돌아가라고만 하지 않는다면 뭐든지요."

그로부터 며칠 뒤에 마크 트웨인은 한 인쇄업자의 견습생이 되었다. 그 일을 하면서 마크가 생계도 해결하고 교육도 받을 수 있으리라는 것이 어머니의 판단이었다. 하지만 2년의 견습 기간 동안 그는 식사와 옷을 제공받은 것이 전부였다.

인쇄공이 된 지 2년이 지난 어느 날 오후에 마크 트웨인은 미주리 주 한니발 시의 거리를 걷고 있었다. 그때 그는 인도를 따라 바람에 흩날리던 종이 한 장을 주웠다. 어떤 책에서 찢겨진 한 페이지였다.

비록 작은 사건이었지만, 그것은 아마 다른 어떤 것보다 마크 트웨인의 인생에 더 많은 영향을 끼쳤을 것이다. 그 길 잃은 종잇조각은 잔 다르크의 전기에서 찢겨져 나온 것이었다. 거기에는 그녀가 루앙 요새에서 포로로 잡혀 있는 장면이 묘사되어 있었다. 그 모든 일의 부당함은 이 열네 살 소년의 가슴을 뒤흔들었다. 잔 다르크가 누구인가? 그는 알지 못했다. 그녀에 대해서는 한 번도 들어본 적이 없었다. 그러나 그때부터 그는 그녀에 대해 쓰인 모든 글을 탐독했다. 잔 다르크의 삶은 반평생 넘게 그의 지속적인 관심사로 남아 있었다. 46년 뒤에 마크 트웨인은 《잔 다르크에 대한 회상》이라는 제목의 책을 쓰기까지 했다. 비평가들은 이 책이 그의 최고 수준에는 크게 못 미친다고 여겼지만, 마크 트웨인은 그것을 자신의 걸작이라고 생각했다. 그는 만약 그 책을 자신의 이름으로 출판하면 사람들이 우스운 책으로 여길 것을 우려했다. 결국 그 책이 진지하게 읽히기를 원한 그는 책의 저자에 자신의 이름을 넣지 않았다.

앨버트 비걸로 페인은 자신의 네 권짜리 마크 트웨인 전기에서 이렇게 기록하고 있다.

"잔 다르크의 삶이 기록된 종잇조각의 발견은 마크 트웨인의 역사에 대한 관심을 일깨우고 열정에 불을 지폈다. 이 열정은 그의 지적인 삶의 가장 큰 특징이 되었고 그가 세상을 떠날 때까지도 사그라지지 않았다. 그 바람에 흩날리던 종잇조각이 그의 손에 들어온 순간부터 지적인 엘리트로서의 인생이 시작되었다."

한편 마트 트웨인의 사업적 수완은 캔자스의 산토끼보다 나을 게 없었다. 그는 아주 그럴듯해 보이는 사업계획에 잘 속아 넘어갔다. 예컨대, 그는 어떤 책을 읽은 후 아마존 강 상류의 푹푹 찌는 정글에서 코코아를 따다 팔면 큰돈을 벌 수 있겠다는 생각을 했다. 하지만 그는 코코아에 대해서는 일자무식이었고, 남아프리카로 오랜 여행을 할 만한 비용도 없었다. 설사 그가 아마존 강의 상류에 도달한다 해도 원주민들과 대화할 수는 없었을 테고, 아마 열대지방의 열병에 걸려 객사했을지도 모를 일이다. 그런데 믿기지 않을지 모르지만, 그는 어느 날 바람에 날리는 50달러짜리 지폐를 주운 후 그 돈을 갖고 아마존 강을 향해 출발했다. 하지만 신시내티까지 갔다가 돈이 다 떨어져 여행을 포기해야 했다.

인생 후반에 그는 책과 강연을 통해 엄청난 돈을 벌었지만, 투자처를 선택할 때마다 헛발질을 했다. 몇 가지 구체적인 예를 소개하겠다. 그는 특허 받은 증기 발전기에 투자했지만 그 기계는 제구실을 하지 못했고, 한 시계 회사에 돈을 댔지만 그 회사는 첫 배당금을 지급하기도 전에 망해 버렸다. 또 제 기능을 못하는 증기 도르래에 투자했다 헛물을 켰고, 출판 회사를 설립했다가 16만 달러를 손해보고 문을 닫았다. 그리고 활자를 조판하는 기계에 큰돈을 쏟아부었다가 약 20만 달러만 날려버렸다.

그러던 어느 날 마크 트웨인은 알렉산더 그레이엄 벨이라는 젊은 투자자를 만났다. 벨은 마크 트웨인에게 전화기라는 최신 발명품에 투자하라고 설득하며, 자신의 발명품으로 사람들은 자기 집에 앉아서 다섯 블록 떨어진 사람과 전선을 통해 대화할 수 있다고 말했다. 마크 트웨인은 이 말을 듣고 웃었다. 그는 곧잘 속는 사람이었을지는 모르지만, 바보는 아니었다. 전선을 통해 다섯 블록 떨어져 있는 사람과 대화한다고? 말도 안 되는 소리였다.

만약 마크 트웨인이 그때 500달러 상당의 전화 주식을 샀더라면, 오늘날 그것은 실로 막대한 가치를 지닌 재산이 되었을 것이다. 그러나 그는 전화 주식에 500달러를 투자하는 대신, 그 돈을 3일 뒤에 파산한 한 친구에게 빌려주었다.

마크 트웨인이 쉰여덟 살이 되던 1893년에는 빚에 허덕이는 처지가 되었다. 나라는 경기침체의 여파로 헐떡였고 마크 트웨인 자신은 부실해진 건강으로 힘든 시기를 보내고 있었다. 그는 파산 신고를 통해 빚을 안 갚을 수도 있었겠지만, 그런 꼼수를 쓰는 대신 그냥 한 푼도 남김없이 갚기로 했다. 그건 바로 책을 쓰고 전 세계로 순회강연을 하며 돈을 번다는 계획이었다. 건강이 좋지 않았고 강연을 매우 싫어했음에도 그는 채무를 상환하기 위해 5년 동안 세계 곳곳을 돌았다.

순회강연은 엄청난 성공을 거두었다. 그의 강연을 듣기 위해 몰려든 청중을 수용할 만큼 큰 강당은 찾기가 거의 불가능할 정도였다. 마지막 빚을 다 갚게 되었을 때, 마크 트웨인은 이렇게 썼다.

"나는 다시 충분한 마음의 평화를 회복했다. 이제 부담감이 없다. 일은 기쁨이 되었고 더 이상 노동으로 느껴지지 않는다."

마크 트웨인은 비즈니스보다는 사랑에서 정말 억세게 운이 좋았다. 그는 자신이 결혼할 여인을 만나기도 전에 그녀의 초상화와 사랑에 빠졌다. 행운은 그가 배를 타고 성지를 여행하는 동안 찾아왔다. 그리고 이 여행이 계기가 되어 그의 풍자소설《철부지의 해외여행기 *Innocents Abroad*》가 탄생했다.

어느 운명의 날, 마크 트웨인은 그의 젊은 친구 찰스 랭던의 선실을 찾아갔다가 거기서 랭던의 여동생인 올리비아 랭던의 초상화를 보았다. 그때 그는 번개처럼 그녀가 자신이 결혼하고 싶은 여인임을 직감했다. 배를 타고 여행하는 중에도 그는 자주 랭던의 선실로 찾아가서 숭배하듯 그 그림을 쳐다보았다. 그리고 그때마다 그녀가 자신의 천생연분이라는 확신은 더욱 굳어졌다. 몇 개월 뒤 마크 트웨인은 뉴욕의 한 저녁 식사 자리에서 올리비아 랭던을 만났다. 삶이 종점에 가까워졌을 무렵 그는 이런 글을 남겼다. “처음 만난 날부터 지금까지 그녀는 결코 내 마음을 떠난 적이 없다.”

마크 트웨인은 곧 뉴욕 주 엘마이라 시에 있는 그녀의 아버지 집에 초대를 받았다. 만남을 마칠 시간이 되었을 때 그는 그 집을 떠나고 싶지 않았다. 그래서 랭던의 마부에게 마차 좌석을 조작해서 그것이 뒤집혀 그가 마차 밖으로 나가떨어지도록 해달라고 부탁했다. 그 다음 그는 가방을 꾸렸고 악수를 하고 마차에 오른 후 손을 흔들며 작별 인사를 했다. 마부가 채찍을 내리치자 말들이 앞으로 내달렸다. 그때 뒷좌석이 뒤집혔고 눈 깜짝할 새에 마크 트웨인은 땅 위에 널브러졌다. 눈은 감겨져 있었다. 확실히 반쯤 죽은 모습이었다. 물론 뒤이어 한바탕 큰 소동이 일었다. 랭던 가족은 그를 들어 올리고는 집안으로 옮긴 다음 침대에 뉘였다. 그렇게 2주 동안 마크 트웨인은 침대에 누워 지냈다.

하지만 사실 그는 전혀 상한 곳이 없었다. 이 마차 계략은 미주리 주 한니발에서 소년 시절에 배운 것이었다. 그는 침대에 머물며 사랑스런 연인의 간호와 시중을 받았다. 그들은 서로를 다정한 호칭으로 불렀고 34년 뒤 그녀가 죽을 때까지 항상 다정한 연인처럼 지냈다. 그녀는 마크 트웨인의 연애편지들을 상자에 담아 자물쇠로 잠가두었고, 매년 그들이 휴가를 떠날 때는 안전을 위해 은행에 맡겼다.

마크 트웨인의 아내는 남편의 원고 모두를 직접 편집했다. 밤에 남편은 낮에 쓴 글들을 아내가 잠들기 전에 읽을 수 있도록 그녀의 침대머리 쪽의 스탠드 옆에 가져다 놓았다. 아내는 거칠고 격한 표현들을 모두 걸러내고 모든 것을 완벽하게 다듬었다. 아내가 자신의 작품을 어떻게 손질하건, 남편은 항상 불만 없이 받아들였다.

마크 트웨인은 하녀에게 책상을 청소하지 못하게 할 정도로 자신의 원고를 잃어버리거나 어디다 잘못 둘 가능성을 매우 염려했다. 그래서 바닥에 분필로 선을 그어놓고는 하녀가 그 선을 넘지 못하게 했다.

일흔 살이 되었을 때 마크 트웨인은 이제 그 정도면 자신이 하고 싶은 대로 하며 살 수 있는 나이라고 생각했다. 그래서 그는 흰색 정장 열네 벌과 흰색 넥타이 백 개를 주문했고, 여생 동안 머리부터 발끝까지 온통 흰색으로 치장하고 다녔다. 심지어 야회복도 흰색이었다.

1835년, 마크 트웨인이 태어나던 날 밤하늘에는 핼리혜성이 나타났다. 그 혜성은 76년마다 돌아오는데, 그것이 다시 나타날 때까지 사는 것이 그의 꿈이었고 그는 그 꿈을 실현했다. 1910년, 그가 죽던 날 밤 핼리혜성은 다시 하늘에서 빛을 발했다. 그의 마지막 부탁은 딸에게 자신이 매우 좋아하던 오래된 스코틀랜드 노래를 불러달라는 것이었다.

다음은 마크 트웨인이 자신의 딸 수지의 묘비에 새겨 넣은 4행으로 된 시이다. 마크 트웨인이 사랑했던 조국도 기꺼이 그의 묘비에 이 시를 새겨주었다.

따스한 여름 햇살이여, 이곳을 부드럽게 비춰라.
따뜻한 남쪽 바람이여, 이곳에 산들산들 불어라.
푸른 잔디여, 여기에 가볍게 누워라, 가볍게 누워라!
잘 자라, 내 사랑, 잘 자라, 잘 자라!

...12 마틴 존슨

"요리할 줄 알아요?"라는 세 마디에 지구의 끝으로 달려가다

마틴 존슨은 아프리카의 야생에서 수천 마리의 사자를 사진에 담았지만, 죽인 것은 단 두 마리뿐이었다. 그는 아프리카에서 마지막으로 머문 20개월 동안 그 이전보다 더 많은 사자를 보았다고 내게 말했다. 하지만 한 번도 총을 쏜 적은 없었다. 사실 그는 총을 갖고 다니지도 않았다.

아프리카 탐험가들 중에는 돌아온 후에 자신이 겪은 등골이 오싹한 경험을 마치 자랑하듯 입에 올리는 사람들이 있다. 그러나 마틴 존슨은 아프리카의 야생동물을 제대로 아는 사람은 누구든 그저 대나무 지팡이 하나만 가지고도 털끝 하나 다치지 않고 카이로에서 희망봉까지 걸어갈 수 있다고 믿었다. 또 마지막으로 아프리카에 갔을 때는 미국 방송을 듣기 위해 좋은 라디오도 가져갔다고 내게

말했다. 처음 한두 달 동안은 꽤 많이 들었지만, 얼마 지나지 않아 길고 시끄러운 광고방송이 지겨워져서 몇 달씩이나 라디오를 틀지 않았다고 한다.

마틴 존슨은 열네 살 때부터 세계를 휘젓고 다니기 시작했다. 그의 아버지는 캔자스시티 교외에 위치한 인디펜던스 시에서 보석상으로 일했다. 소년 시절, 마틴은 세계 곳곳에서 들어온 나무 상자 속의 짐을 꺼내곤 했는데, 그때 라벨에 적혀 있던 이국의 신비한 이름들—파리 · 제네바 · 바르셀로나 · 부다페스트—에 매료되었고, 그 지역의 땅을 직접 밟아보기로 했다. 그러던 어느 날 그는 집을 떠나 미국 땅을 터벅터벅 걸었으며, 마침내 유럽으로 가는 가축 수송선 위에 올라탔다. 오랜 전통과 문화를 간직한 유럽에 도착한 그는 할 수 있는 일은 무엇이든 했다. 그러나 항상 일감을 찾을 수 있는 것은 아니었다. 그는 브뤼셀에서 굶주렸고, 브레스트에서는 의기소침한 마음이 되어 대서양을 응시하며 고향을 그리워했다. 런던에서는 포장용 상자 안에서 잠을 자야 했다. 결국 고향인 미국 캔자스로 돌아가기 위해 그는 뉴욕 행 증기선의 구명정 속에 숨어 밀항을 시도했다.

그런데 바로 그곳에서 그의 인생 방향을 완전히 바꾸고 그를 화려한 모험의 세계로 이끌게 되는 일이 일어났다. 그 배의 한 엔지니어가 마틴에게 잭 런던이 쓴 기사가 실린 잡지를 보여주었던 것이다. 그 기사에서 잭 런던은 자신이 어떻게 '스나크'라는 9미터짜리 작은 배로 세계를 일주할 계획인지를 소개했다.

존슨은 인디펜던스의 집에 도착하자마자 잭 런던에게 편지를 썼다. 그리고 뜨거운 열정이 담긴 8장의 편지 속에 자신의 영혼을 쏟아내며, 그 여행에 자기도 데려가 달라고 간청했다. “전 이미 해외에 나가본 적이 있습니다. 호주머니에 5.5달러만 갖고 시카고에서 출발했지요. 집에 돌아왔을 때는 아직 25센트가 남아 있었습니다.”

2주가 지나갔다. 가슴 졸이는 긴장과 불안의 2주였다. 그리고 잭 런던이 보낸 전보가 날아들었다. 거기에는 딱 세 마디가 적혀 있었다. 그것은 마틴 존슨의 인생을 바꿔놓은 세 마디였다. “요리할 줄 알아요?” 전보는 원래 그 특성상 비약과 간결함이 생명이다.

그럼 마틴은 요리를 할 줄 알았을까? 천만에. 그는 밥도 할 줄 몰랐다. 그러나 그는 정확히 세 단어로 답신했다. “그저 맡겨만 주세요.” 그리고는 당장 식당 주방의 일자리를 구했다.

마침내 스나크 호가 샌프란시스코 만의 잔물결 이는 물살을 가르며 태평양으로 미끄러지듯 나아갈 때, 마틴 존슨도 주방장이자 병 씻는 사람으로서 그 배에 동승했다. 그는 새로 배운 요리 기술로 빵, 오믈렛, 고기 국물 요리, 수프, 심지어는 푸딩도 만들 수 있는 실력을 갖추었다. 여행에 필요한 식량을 구입하는 것도 그의 일이었다. 치밀한 계산을 통해 소금과 후추와 각종 양념들을 넉넉히 준비했는데, 보통 선원 한 명이 소비한다면 약 200년 동안 사용할 수 있는 양이었다.

마틴은 여행하는 동안 항해법을 배웠고, 자신이 제법 전문 항해사 수준이 되었다고 생각했다. 그래서 어느 날, 자신이 얼마나 똑똑한 지를 보여주기 위해 배의 현재 위치를 지도에 표시해 보았다. 그때 스나크 호는 호놀룰루 방향으로 돛을 펄럭이며 태평양 한가운데를 지나고 있었다. 그러나 그의 계산에 따르면 배는 정확히 대서양 한가운데에 위치하고 있다고 나왔다.

마틴 존슨은 자신의 계산이 틀린 것에 대해서는 전혀 개의치 않았다. 그는 모든 소년이 꿈꾸는 즐겁고 모험적인 삶을 살고 있었다. 그 무엇도 그의 열정에 찬물을 끼얹을 수는 없었다. 한 번은 선원들이 2주 동안 물이 떨어져 타는 듯한 태양 아래서 거의 죽음에 이른 적이 있었다. 태양이 너무 뜨거워 갑판 이음새에 발라놓은 역청이 부드러운 당밀처럼 거품을 일으키며 끓어오를 정도였다.

그 후로 많은 시간이 흘렀다. 그것은 행동으로 꽉 채워진 시간들이었다. 마틴 존슨은 그 시기 동안 7대양을 주유하고 남태평양의 산호섬들로부터 아프리카의 가장 깊은 밀림에 이르기까지 세상 구석구석의 땅을 밟았다. 미국에 식인종의 사진을 처음 소개한 것도 그였다.

마틴 존슨은 피그미 족과 거인족, 코끼리와 기린, 그 외에 아프리카 초원의 온갖 야생동물들을 사진에 담았다. 그들이 담긴 셀룰로이드 필름이 수천 개의 영화 스크린 위에 펼쳐졌다. 그 필름들은 환상적인 생명체들로 가득한 노아의 방주였다. 마틴은 사라져가는 야생동물의 삶을 불멸의 기록으로 남겼다. 그것은 수세대 후에 아프리카의 많은 야생동물들이 더 이상 존재하지 않게 될 때, 우리의 까마득한 후손들이 보고 즐길 만한 사진 기록이었다.

마틴 존슨은 인간에게 시달려본 적이 없는 배부른 사자는 결코 사람 냄새에 신경 쓰지 않는다고 내게 말했다. 그는 자동차를 몰고 15마리의 사자 무리 한가운데로 들어간 적이 있었는데, 그때 사자들은 그냥 자리에서 꼼짝 않고 고양이처럼 눈만 깜박거렸다고 한다. 심지어 한 마리는 그가 탄 차로 다가와 앞쪽 타이어를 핥기 시작했다. 또 한 번은 암사자 한 마리가 발을 뻗으면 닿을 수 있을 정도로 차를 아주 가까이 갖다 댔지만, 사자는 털끝 하나 씰룩대지 않았다.

내가 물었다. "사자는 사실 온순한 동물이라는 말인가요?"

그가 대답했다. "천만에요, 절대 그렇지 않습니다. 제가 아는 가장 좋은 자살 방법은 사자를 믿는 것이지요. 녀석이 언제 마음이 변해 당신을 공격할지 모르니까요. 세상에 공격하는 사자만큼 위험한 것은 없습니다. 그건 마치 50킬로그램의 다이너마이트가 달려드는 것과 같지요. 사자는 단 한 번의 도약으로 10미터 이상 날아갈 수 있고, 결승점 앞 직선 코스 위의 경주마들보다 더 빨리 달릴 수 있습니다."

가장 위험했던 순간은 언제였느냐고 내가 묻자 그가 대답했다. "아, 위기일발의 순간은 많았습니다. 하지만 모두 재미있었지요."

가장 아슬아슬했던 순간은 남태평양의 어느 섬에서 경험했다. 그때 그는 하마터면 죽 끓이는 솥 안에서 고기 찜이 될 뻔했다. 바로 그가 최초의 식인종 사진을 찍을 때였다.

예전에 백인 상인들이 식인종이 사는 섬을 습격하여 원주민들을 납치한 후 노예로 팔아버린 적이 있었다. 그래서 식인종들은 외부인에게 적대적이었고 의심이 많았으며, 게다가 배도 고팠다. 그들은 이미 백인들을 많이 죽이고 그들의 물품을 빼앗은 적이 있었다. 마틴 존슨을 요모조모 뜯어본 후 그들은 캔자스에서 온 이 사냥감이 일요일 저녁의 맛있고 부드러운 고기 찜이 될 수 있겠다고 판단했다. 그래서 마틴 존슨이 추장에게 말을 하며 가져온 선물들을 꺼내놓는 동안 수십 명의 식인종이 숲에서 몰려나와 그를 에워싸기 시작했다. 어디서 도움을 받을 곳도 없었다. 권총이 있긴 했지만, 이것은 100대 1의 대치상황이었다. 그의 이마에서는 식은땀이 흘러내리고 심장은 방망이질을 해댔다. 그래도 그저 침착하게 계속 말을 하는 것 외에는 아무것도 할 수가 없었다. 그동안 식인종들은 포식에 대한 기대감으로 군침을 흘리고 입맛을 다시며 점점 가까이 조여들었다. 고향을 떠난 이후 처음으로 마틴 존슨은 고향에서 아버지와 보석상 일이나 하다가 곱게 늙어 죽는 편이 더 좋았을지도 모른다는 생각이 들었다.

드디어 식인종들이 그를 덮치려고 하는 바로 그 순간 기적이 일어났다. 멀리 아래쪽 해안에서 영국의 경비정이 증기를 내뿜으며

만灣 안으로 들어온 것이다. 식인종들은 배를 노려보았다. 그들은 그것이 무엇을 의미하는지 알고 있었다. 존슨도 자기 눈을 의심하며 배를 바라보았다. 이윽고 정신을 수습한 그는 추장에게 머리를 깊이 숙여 인사하며 말했다. “제 배가 저를 찾으러 왔군요. 모두 만나서 반가웠습니다. 잘들 계세요.” 그리고 누군가가 막아서기 전에 비호처럼 해안으로 내달렸다.

...13
하워드 서스턴

기차를 잘못 탄 선교사, 유명한 마술사로 거듭나다

어느 추운 겨울밤, 한 무리의 군중이 시카고에 있는 맥비커 극장에서 쏟아져 나오고 있었다. 당시의 위대한 마술사 알렉산더 헤르만의 공연을 보고 나온 그들은 매우 즐거운 표정이었다.

그때 길가에서는 한 신문팔이 소년이 추위에 몸을 벌벌 떨며 사람들에게 <시카고 트리뷴> 지를 팔고 있었다. 소년은 몹시 힘들어 보였다. 그는 외투도, 집도 없었으며 숙소에서 묵을 돈도 없었다. 그날 밤, 군중들이 뿔뿔이 흩어지고 난 뒤에 그는 신문지로 몸을 감싸고는 지하실의 보일러 덕에 약간 온기가 남아 있던, 극장 뒷골목의 격자 뚜껑 위에서 잠을 청했다.

그곳에 누워 몸을 떨며 주린 배를 움켜쥔 채 그는 나중에 자기도 마술사가 되겠다고 결심했다. 그는 안에 털가죽을 댄 코트를 입고 군중들의 환호를 받는 자신의 모습과 무대 뒷문에서 자기를 기다리는 여자들을 꿈꾸었다. 그래서 소년은 자신이 유명한 마술사가 되면 이곳에 돌아와 바로 이 극장에서 주역 마술사로 공연을 하리라고 굳게 다짐했다.

그 소년이 하워드 서스턴이었고, 그로부터 20년 뒤에 그는 바로 그렇게 했다. 공연이 끝난 후 그는 뒷골목으로 나가 집 없고 굶주린 20년 전의 신문팔이 소년 시절 극장 뒤에 새겨놓았던 자신의 이름 첫 글자들을 찾아냈다.

1936년 4월 13일, 세상을 떠났을 때 하워드 서스턴은 이미 마술사들의 최고참이자 마술의 왕으로 인정받고 있었다. 40년 동안 그는 세계를 돌며 환상적인 장면을 연출했고, 청중을 열광시키며 그들이 놀라 입을 다물지 못할 정도로 숨이 막히게 했다. 6,000만 명 이상의 사람들이 그의 공연에 입장료를 지불했고, 그가 얻은 수익은 거의 200만 달러에 달했다.

하워드 서스턴이 타계하기 직전에 나는 저녁에 극장의 무대 옆에서 그의 공연을 지켜본 적이 있다. 나중에 우리는 그의 의상실로 갔고, 그는 거기서 몇 시간 동안 자신의 흥미진진한 모험에 대해 이야기했다. 이 마술사가 살아온 삶에 대한 이야기는 거의 그가 무대 위에서 창조한 환상만큼이나 놀라웠다.

하워드가 어린 소년이었을 때, 그가 말들을 너무 빨리 몬다는 이

유로 그의 아버지는 잔인하게 채찍질을 했다. 분노로 눈이 먼 그는 문을 쾅 닫고 집 밖으로 뛰어나가 비명을 지르며 거리를 달렸고 그대로 집을 나와버렸다. 그의 부모님은 이후 5년 동안 다시는 그를 보지도, 소식을 듣지도 못한 채 아들이 혹시 죽은 것은 아닌지 불안해했다.

하워드 서스턴은 자신이 죽지 않은 것이 사실 기적이었다고 말했다. 그는 부랑자가 되어 몰래 기차 화물칸에 무임승차하고 구걸하고 도둑질하며 헛간이나 건초더미나 버려진 건물에서 한뎃잠을 잤기 때문이다. 또 체포된 것만도 수십 번이고, 쫓기고 욕먹고 얻어맞고 기차에서 내던져지고 총질을 당하기까지 했다.

그는 말 타는 기수가 되고 노름꾼이 되었다가 열일곱 살 때는 돈도 친구도 없이 뉴욕에서 갈 곳 없는 신세가 되었다. 그때 어떤 중요한 일이 일어났다. 우연히 한 종교집회에 참석했다가 설교자가 '네 안에 사악한 인간의 마음이 있다.' 라는 제목으로 설교하는 것을 들은 것이다. 전에 없이 깊이 감동하고 크게 흥분한 그는 그동안 자신이 지은 죄를 깊이 깨닫고는 제단 앞으로 걸어가 눈물을 줄줄 흘리며 진심으로 회개했다. 2주 뒤에 이 비렁뱅이 소년은 그동안의 허랑방탕했던 삶과 완전히 결별하고 차이나타운의 길모퉁이에서 사람들을 향해 설교하는 복음전도자로 다시 태어났다.

하워드 서스턴은 그 어느 때보다 행복했다. 그래서 복음전도자가 되기로 결심하고는 매사추세츠 주 노스필드에 있는 무디 성경학교에 입학했고, 하숙비를 벌기 위해 수위로 일했다. 당시 그는 열여덟 살이었다. 그때까지 그가 받은 학교 교육이라곤 6개월이 전부였다. 화물열차를 타고 떠돌던 시절, 화물칸 창밖으로 보이는 철로변의 간판들을 보고 다른 부랑아들에게 그게 무슨 뜻인지 묻는 방법으로 읽는 법을 배운 것이 고작이었다. 그는 쓸 줄도 계산할 줄도 철자에 맞게 쓰는 법도 몰랐다. 그래서 성경학교에서 낮에는 그리스어와 생물학을, 밤에는 읽기와 쓰기와 산수를 공부했다.

마침내 그는 의료 선교사가 되기로 결심하고는 펜실베이니아 대학에 가기 위해 길을 나섰다. 그런데 그때 그의 삶의 방향을 완전히 바꿔놓은 작은 사건이 일어났다.

매사추세츠에서 필라델피아로 가는 길에 그는 올버니에서 기차를 갈아타야 했다. 기차를 기다리는 동안 그는 우연히 한 극장에 들어갔고, 거기서 알렉산더 헤르만이 마술을 공연하며 청중의 혼을 쏙 빼놓는 것을 보았다. 서스턴은 항상 마술에 흥미를 느껴왔고, 늘 카드 마술을 연습했다. 그는 자신의 우상인 위대한 마술사 알렉산더 헤르만과 얘기해 보고 싶은 마음이 정말 간절했다. 그래서 헤르만이 묵고 있는 호텔로 가서 그의 방 옆에 방을 잡았다. 그리고 열쇠구멍에 귀를 갖다 대거나 복도를 오가며 그의 방을 노크할 정도의 용기를 끌어내려 했지만, 도저히 할 수가 없었다.

다음 날 아침, 그는 그 유명한 마술사를 따라 기차역으로 갔고 동경하고 숭배하는 눈빛으로 말없이 그를 쳐다보며 서 있었다. 그 마술사는 시러큐스로 가고 서스턴은 뉴욕으로 갈 예정이었다. 적어도 그는 그렇다고 생각했다. 그래서 그는 뉴욕 행 표를 살 생각이었지만, 그만 실수로 시러큐스 행 표를 사고 말았다. 이 실수가 그의 운명을 바꿔놓았다. 그리고 이 실수 덕택에 그는 의료 선교사 대신 마술사가 되었다.

한창 잘나갈 때 서스턴은 마술 쇼고 하루에 거의 1,000달러를 벌었다. 그러나 그는 종종 자기 인생에서 가장 행복했던 시절은 그가 약장수를 따라다니며 카드 마술을 보여주고 하루에 1달러를 벌던 때였다고 말했다. 어마어마하게 큰 현수막에는 강렬한 붉은색 페인트로 '서스턴, 북부의 마술사' 라고 쓰인 그의 이름이 바람에 휘날렸다. 그는 미국의 중서부인 오하이오 주 콜럼버스 출신이었지만, 텍사스에서 볼 때 그곳은 북부였다.

서스턴은 자기 정도의 마술 실력을 갖춘 사람들은 많다는 점을 인정했다. 그러면 그가 성공한 비결은 무엇이었을까?

그의 성공은 최소한 두 가지에서 비롯되었다. 첫째, 그에게는 무대 위에서 자신의 개성을 표현할 수 있는 능력이 있었다. 그는 쇼맨십이 아주 대단했고, 인간성을 잘 이해했다. 마술사에게는 이런 자질들이 마술에 대한 지식 못지않게 중요하다는 것이 그의 판단이었다. 그가 보여준 모든 것은 심지어 목소리의 억양이나 치켜뜬 눈썹의 움직임조차 미리 주도면밀하게 계획하고 연습한 것이며, 모든 움직임은 1초보다 짧은 시간 단위까지 철저히 계산된 것이었다.

둘째, 그는 자신의 청중을 사랑했다. 막이 오르기 전에 그는 무대 옆에서 펄쩍펄쩍 뛰면서 맑은 정신을 유지하려 했다. 그리고 계속 되뇌었다. "난 청중을 사랑해. 난 그들을 즐겁게 하고 싶어. 난 아주 멋진 일을 하고 있어. 난 아주 행복해. 난 아주 행복해!"

서스턴은 만약 자신이 행복하지 않으면 다른 누구도 행복하게 할 수 없음을 알고 있었다.

...14
윌리엄 랜돌프 허스트

2센트짜리 신문을 팔아 스페인의 성, 뻐꾸기시계, 이집트 미라를 수집하다

만일 여러분에게 백만 달러가 생기면 무엇을 할지 생각해 본 적 있는가? 윌리엄 랜돌프 허스트는 한 달에 백만 달러의 소득을 올린다. 하루에 3만 달러를 버는 셈이다. 여러분이 이 짧은 장을 읽는 동안 그의 지갑에는 약 100달러 정도가 채워진다.

그 누구도 윌리엄 랜돌프 허스트를 윌리엄이라고 부르지 않는다. 그의 가장 친한 친구들도 그를 'W. R.'이라 부르며, 7만 명에 달하는 그의 직원들은 항상 그를 '회장님'으로 호칭한다.

수백만의 사람들이 그가 발행하는 많은 신문과 잡지를 읽는다. 허스트는 세계에서 가장 부유하고 가장 영향력이 큰 출판업자다. 그의 이름은 미국에서 누구나 다 아는 이름이지만, 그 자신은 신비

에 쌓인 인물이다. 보통 사람은 윌리엄 랜돌프 허스트의 사적인 삶에 대해서보다는 마하트마 간디의 삶에 대해 더 많은 것을 안다.

미국에서 가장 공격적인 출판인에 대해 내가 아는 가장 놀라운 것은 그가 수줍음이 많고 말수가 적다는 사실이다. 50년 동안 그는 유명 인사들과 친하게 지냈지만, 실제로는 모르는 사람에게 소개받는 것을 싫어했다. 캘리포니아에 있는 그의 대저택에는 대개 10명에서 60명 정도의 손님이 머문다. 하지만 그가 오락 삼아 즐기는 일은 몰래 빠져나가 혼자서 트럼프를 하는 것이다. 그리고 뉴욕에 있을 때는 윈도쇼핑을 즐긴다.

캘리포니아에 있는 허스트의 목장은 서구 세계에서 가장 장대한 사유지라 할 만하다. 이 땅은 바위가 많은 해안지대를 따라 80킬로미터에 걸쳐 뻗어 있는 백만 에이커의 땅 중 4분의 1을 품고 있다.

강한 바람을 맞받으며 포효하는 태평양을 내려다보는 600미터 고지대 위에 그는 자신이 '마법의 언덕'이라 부르는 위풍당당한 무어 양식의 성들을 지어 올렸다. 그는 이 성들의 가구를 비치하는데 거금을 아낌없이 쏟아부었다. 벽은 한때 프랑스의 성들을 장식했던 고블랭 직물의 벽걸이 융단으로 꾸몄고, 고요한 홀에는 렘브란트, 루벤스, 라파엘의 부드러운 그림들을 내걸었다. 그의 손님들은 귀중한 예술품들로 둘러싸인 큰 연회장에서 잘 차린 만찬을 즐기지만, 점심에는 종이 냅킨만이 제공되었다.

그는 미국의 인기 서커스단인 바넘의 서커스를 압도할 정도로 많은 야생동물을 소유하고 있다. 얼룩말, 물소, 기린, 캥거루가 언덕 위를 배회하며, 수천 마리에 달하는 이국의 새들이 나무 사이를 종횡무진하고, 그의 개인 동물원에서는 사자와 호랑이들이 송곳니를 드러내며 으르렁거린다.

내 친구 프랭크 메이슨은 허스트를 위해 프랑스에서 골동품을 구입하곤 했다. 허스트는 진귀한 예술품을 대량으로 구입하는데, 심지어는 성 전체를 사들일 때도 있다. 그럴 때는 미국에서 원래와 똑같은 형태로 복원하기 위해 돌, 벽돌, 목재 하나하나에 번호표를 붙이고 그것의 본래 위치를 정확히 표시하여 포장 상자에 담아 들여온다.

이렇게 구입한 예술품이 너무 많아 그는 결국 뉴욕에 사용하지 않는 물건들을 보관할 굉장히 큰 창고를 매입해야 했다. 이 창고에는 직원이 20명이나 되며, 1년 유지비가 6만 달러에 달했다. 그리고 그 안에는 뻐꾸기시계로부터 이집트 미라에 이르는 온갖 진귀한 보물이 소장되어 있다.

윌리엄 랜돌프 허스트의 아버지는 미주리 주의 농부로 1849년의 골드러시 때 서부로 길을 떠났다. 그때 그는 소들과 마차 옆에서 3,000킬로미터에 이르는 초원을 걸어서 횡단했고 인디언들과 싸우기도 했지만, 결국에는 금을 발견하여 수백만 달러를 벌었다. 나이가 들어가면서 그는 자기 사유지 안에 있는 큰 나무 그늘에 앉아 시간 보내기를 좋아했다. 몇 년 전에 그의 아들인 윌리엄 랜돌프 허스트는 이 나무가 창문 한 곳에서 바다 경관을 가리는 것이 영 거슬렸다. 그렇다고 아버지가 좋아하시는 나무를 없앨 수도 없는 노릇이었기에 4만 달러를 들여 나무를 10미터 정도 옮겨 심었다.

허스트는 동물을 무척 좋아한다. 예를 들어, 어느 날 일단의 영화사 간부들이 허스트와의 회의를 위해 할리우드에서 날아왔지만, 그는 꼬리의 일부가 잘려나간 애완용 도마뱀을 돌보느라 그들을 기다리게 했다. 또 한 번은 애완용 기니피그의 다리가 부러지자 한밤중에 의사를 부르기 위해 자신의 개인 요트를 보냈고 치료비 500달러를 지불했다.

허스트는 전문가 수준의 아마추어 사진가로 매년 수천 장의 사진을 찍는다. 또 전문가 수준의 소총 사수이기도 하다. 어느 날 그는 요트를 타고 나갔다가 엉덩이에 찬 권총으로 하늘을 날던 바다갈매기를 쏘아 떨어뜨려 손님들을 놀라게 했다. 그 외에도 그는 나막신을 신고 추는 클로그 댄스를 아주 잘 추고 탁월한 흉내쟁이이자 뛰어난 이야기꾼이다. 그의 기억력은 거의 백과사전 수준이다. 가령, 그에게 헨리 8세 부인들의 이름이나 미국의 역대 대통령의 이름을 열거해 보라고 하면, 거의 막힘없이 술술 읊어댔다. 어느 날 허스트의 목장을 방문한 지미 워커와 찰리 채플린이 어떤 성경 구절의 정확한 표현을 놓고 입씨름을 했는데, 허스트가 그 구절을 토씨 하나 틀리지 않고 암송함으로써 논쟁을 매듭지었다.

그는 젊은이들과 함께 있기를 좋아하며, 어느 누구도 자기 앞에서는 죽음을 언급하지 못하게 한다. 허스트는 자기 아버지로부터 3,000만 달러를 물려받았다. 그러니 원하기만 하면 한가하고 여유로운 삶을 살 수도 있었을 것이다. 그러나 그는 50년 동안 하루에 8시간에서 15시간을 일했다. 그리고 신이 그를 은퇴시키기 전까지는 맹세코 절대 은퇴하지 않겠다고 딱 잘라 말했다.

…15
라이오넬 배리모어

스물여섯 살 때는 스타, 쉰세 살 때는 퇴물,
쉰일곱 살 때는 미국 최고의 배우

1918년의 그날 밤, 나는 그 자리에 있었다. 바로 라이오넬 배리모어가 <살모사>에서 밀트 셍크스 역으로 브로드웨이에 출사표를 던지던 밤이었다. 그것은 환상적인 공연이었고 극적인 역사를 창조해 낸 승리였다. 흥분한 청중들은 자리를 박차고 일어나 열광적으로 환호하며 커튼콜을 열다섯 번이나 요청했다.

그로부터 15년 뒤, 나는 브로드웨이의 MGM 영화사 본부에 있는 배우 휴게실에서 라이오넬 배리모어와 긴 시간 대화를 나누었다. 그가 자신이 배우로 인정받기 위해 고군분투했던 일에 대한 이야기를 시작했을 때, 나는 무척 놀랐다. "뭐라고요? 당신이 말예요? 명망 있고 유력한 배리모어 가문을 배경으로 둔 분께서요? 확실히 당신은 그렇게 고생하며 애쓸 필요가 없었을 것 같은데요."

그는 잠시 나를 쳐다보더니 특유의 나직하게 울리는 목소리로 대답했다. "당신이 말하는 그런 사람은 없습니다. 명성은 오히려 핸디캡이 될 때가 많지요."

배리모어 집안의 자녀들은 이상하고도 다소 무계획적인 어린 시절을 보냈다. 그들의 아버지인 모리스 배리모어는 무대 밖에서의 모험적 행동으로 역사를 만드는 가장 매력적인 인물 중 하나였다. 그는 있는 돈을 몽땅 털어 동물을 샀다. 그래서 곰, 원숭이, 살쾡이, 그리고 다양한 종류의 개들을 집에 들여왔다. 존 배리모어와 라이오넬 배리모어 형제는 어느 해 여름을 늙은 흑인 하인 한 명과 함께 크기와 품종이 다양한 35마리의 개들과 스테이튼 섬의 한 농가에서 보냈다.

라이오넬 배리모어, 존 배리모어, 그리고 에델 배리모어가 <라스푸틴과 황후 *Rasputin and the Empress*>에 출연했을 때, 할리우드는 자랑스럽게 그들 모두가 함께 연기한 것은 이번이 최초라고 발표했다. 하지만 그건 사실이 아니었다. 배리모어 삼 남매는 이미 40여 년 전에 함께 데뷔했다. 극장은 스테이튼 섬에 있는 한 배우의 하숙집 뒤에 있던 다 허물어져가는 헛간이었고, 관객은 이웃에 사는 아이들이었다. 입장료는 1페니였고 총수입은 37센트였다. 그때 그들은 <춘희 *Camille*>를 공연했다. 에델은 비즈니스 매니저 역할을 하여 라이오넬과 존에게 각각 10센트씩 지급하고 나머지 17센트를 자신이 갖는 바람에 라이오넬과 존에게 굉장한 미움을 샀다.

라이오넬과 존 모두 배우가 아니라 화가가 되고 싶어 했다. 라이오넬은 실제로 얼마 동안 파리에서 미술을 공부했다. 나는 그때 돈이 없어 배고프게 보낸 적이 있느냐고 물었고 그는 이렇게 대답했다. "그럼요, 많았지요. 제 스케치를 잡지사에 팔지 못했거든요. 물론 집에 전보를 쳐서 돈을 받을 수는 있었지요. 하지만 전보를 보낼 돈도 없을 때가 있었습니다. 존과 저는 그리니치빌리지에 작업실도 하나 있었죠. 하지만 가구를 살 돈이 전혀 없었어요. 사실 우린 침대도 없었어요. 그래서 바닥에서 잤고, 너무 추워지면 책들로 몸을 덮었습니다. 그때 한 작가가 우리와 함께 살고 있었는데, 그에게 끼웠다 뺐다 할 수 있는 금니가 있었죠. 그래서 땡전 한 푼 없을 때는 그 금니를 전당포에 맡기곤 했습니다. 근처의 전당포란 전당포는 다 다녀봤지만, 그걸로 70센트 이상 주는 곳은 없었어요."

스물여섯 살의 라이오넬 배리모어는 명성이 쟁쟁한 브로드웨이의 스타였다. 하지만 쉰세 살에 그 명성은 이제 기억 속에서만 존재했다. 그의 잘생긴 동생 존이 세계 최고의 보수를 받는 스타의 한 명으로 아주 잘나가고, 누나 에델은 뉴욕에 자신의 이름을 딴 극장까지 갖고 있었지만, 라이오넬은 할리우드에서 감독으로 조용한 삶을 살고 있었다.

그의 친구들과 가족은 미국에서 가장 재능 있는 연기파 배우가 그 재능을 썩히고 있다며 몹시 안타까워했다. 하지만 라이오넬은 불평하지 않았다. 그는 30년 동안 무대 뒤에서 얻은 기술과 지식을 영화를 만드는 일에 쏟아부으며, 꿈꾸고 연구하고 실험했다. 또 그는 동시녹음 촬영이 가능한 사운드 카메라를 촬영장 여기저기로 이동시킬 수 있음을 발견한 최초의 감독이었다.

이것은 유성영화에 혁신을 일으킨 발견이었다. 그는 <마담 엑스>의 루스 채터턴, <악당의 노래>의 로렌스 티베트, <10센트 춤>의 바바라 스탠윅과 함께 잊을 수 없는 영화를 만들어 영화계를 흥분시켰다. 그는 쉰세 살이었고, 솔직히 자신의 연기 인생은 끝났다고 믿었다.

그가 스스로 체념하고 남은 인생을 감독에만 전념하며 보내려고 했을 때, 뜻밖의 기회가 찾아왔다. 노마 시어러가 <자유로운 영혼>을 제작 중이었는데, 거기서 아버지 역할을 맡을 노련한 배우가 필요했다. 이때 라이오넬 배리모어는 카메라 앞으로 나아가 스스로를 영광의 빛으로 휘감았고, 영화예술과학아카데미로부터 메달을 받았다. 그러자 그동안 그를 한물간 배우로 간주했던 제작자들이 앞다투어 출연을 요청했다. 그 후에 <노란 티켓>, <마타하리>, <그랜드 호텔>, <라스푸틴과 황후>, 그리고 <아, 황야!> 등의 히트작들을 연거푸 쏟아냈다.

나는 그에게 할리우드로 복귀하기 전에 낙담한 적이 있었는지 물었고, 그는 이렇게 답했다. "아니요, 제 인생에는 늘 좋은 때와 그렇지 않은 때가 있었죠. 많은 사람들이 제가 끝났다고 말했습니다. 하지만 크게 신경 쓰지 않았어요. 전 항상 너무 바빠 그런 문제에 대해 걱정할 틈이 없었거든요."

...16
서머싯 몸

'신경 쓸 가치도 없던' 극작품이《햄릿》이후
가장 위대한 희곡이 되다

역대 최고의 무대극은 무엇이라 생각하는가? 뉴욕의 대표적인 희곡 비평가들이 역대 최고의 10대 극작품을 가리는 비밀투표를 실시했을 때, 1등의 영광은《햄릿》에게 돌아갔다. 그리고 그들은 2등의 영예를《맥베스》도《리어왕》도《베니스의 상인》도 아닌《레인》에게 돌렸다. 남태평양을 배경으로 서로 물어뜯고 싸우는, 격렬하고 격정적인 섹스와 종교의 드라마《레인》은 서머싯 몸의 단편소설에 바탕을 둔 작품이다. 몸은 이 작품으로 20만 달러를 벌었다. 하지만 그는 그 희곡을 쓰는데 5분의 시간도 들이지 않았다. 저간의 사정은 이렇다.

몸은《사디 톰슨》이라는 단편소설을 썼고, 그 소설을 별로 대단치 않게 생각하고 있었다. 그런데 어느 날 밤, 그의 집에 머물게 된 존 콜튼은 잠들기 전에 뭔가 읽을 것이 필요했다. 그래서 몸은 그에게 《사디 톰슨》의 교정쇄를 건네주었다. 콜튼은 짜릿한 전율을 느낄 정도로 그 이야기에 홀딱 반했다. 그는 침대에서 일어나 방 안을 서성였고, 그날 밤 자신의 상상 속에서 그 작품을 연극으로 보았다. 그것은 불멸의 희곡 작품이 될 운명이었다.

다음 날 아침 그는 서머싯 몸에게 달려가 말했다. "이 소설에는 아주 기막힌 연극적 요소가 있습니다. 밤새도록 그 생각을 하느라 한숨도 못 잤어요." 하지만 몸은 시큰둥한 반응을 보이며 딱딱한 목소리로 말했다. "연극적 요소라고요? 글쎄요. 그럴지도 모르지요. 병적이고 무시무시한 연극이 되겠군요. 아마 6주 정도는 공연할 수도 있겠지요. 하지만 그렇게 애쓸 만한 가치는 없어요. 정말요." 그러나 그렇게 애쓸 만한 가치가 없다고 폄하했던 연극이 그에게 20만 달러를 안겨주었다.

희곡이 완성되었을 때 몇몇 제작자는 그 작품을 거절했다. 그들은 그것이 실패하리라고 확신했다. 오직 샘 해리스만이 그것을 받아들였다. 그리고 진 이글스라는 젊은 여배우에게 주인공 역을 맡기고 싶어 했다. 하지만 이 희곡의 에이전트가 이에 반대했다. 좀 더 많이 알려진 배우를 원했던 것이다. 하지만 결국 주역을 맡게 된 진 이글스는 강렬하고 열정적으로 사디 톰슨을 연기하여 브로드웨이에 굉장한 센세이션을 불러일으켰다. 그녀는 자리를 가득 메운 관객들 앞에서 성황리에 415회의 공연을 펼쳤다.

서머싯 몸은《인간의 굴레》,《달과 6펜스》,《면도날》같은 많은 명작을 쓰고 성공적인 희곡도 20여 편을 남겼지만, 정작 자신의 가장 유명한 희곡은 직접 쓰지 않았다.

어떤 사람들은 그를 천재라고 부른다. 그러나 글을 쓰기 시작한 이후 그는 11년 동안 경제적으로는 실패자의 삶을 살았다. 생각해 보라. 작가로서 큰돈을 벌어들일 운명이었던 이 남자는 글을 쓰기 시작하고서부터 11년 동안 1년 수입이 고작 500달러에 불과했다. 그는 배를 곯을 때도 있었고, 월급을 받으며 사설을 쓰려고 했지만 그마저 여의치 않았다. 몸은 내게 말했다. "난 계속 써야 했습니다. 안정된 일자리가 없었으니까요."

몸의 친구들은 그에게 계속 글쟁이로 사는 것은 바보짓이라고 말했다. 그는 이미 의과대학 졸업장이 있었기 때문에 그들은 그에게 소설 따위는 잊고 의사 개업을 하라고 충고했다. 그러나 그 무엇도 자신의 이름이 영문학사의 한 페이지를 장식하게 하겠다는 그의 의지를 꺾을 수는 없었다.

<믿거나 말거나> 박물관으로 유명한 밥 리플리는 내게 이런 말을 한 적이 있다. "무명 상태에서 10년간 노예처럼 일하던 사람도 단 10분 만에 유명해질 수 있습니다." 리플리와 몸에게 일어난 일이 대체로 그와 비슷했다.

그러면 서머싯 몸은 자신의 첫 행운을 어떻게 낚아챘을까? 누군가의 희곡이 런던에서 실패했고, 극장의 매니저는 그것을 대체할

뭔가를 찾고 있었다. 그는 히트작을 찾고 있지는 않았다. 그저 제대로 된 작품을 가지고 리허설을 할 수 있을 때까지 그 틈을 메울 수 있는 것이면 아무거나 상관없었다. 그래서 그는 자기 책상을 뒤적였고 서머싯 몸의 희곡을 찾아냈다. 《프레더릭 부인》이라는 제목의 이 희곡은 1년 동안 그의 책상서랍 안에 잠들어 있었다. 그는 그 작품을 읽어보았다. 대단한 작품은 아니었다. 그는 그 사실을 알고 있었다. 하지만 몇 주간 땜질용으로는 그럭저럭 쓸 만하다고 여겨서 그는 그 작품을 무대에 올렸고 이후 기적이 일어났다. 《프레더릭 부인》은 대성공이었다. 그것은 온 런던을 들썩이게 했다. 오스카 와일드의 톡톡 튀는 대화 이후로 이토록 영국을 즐겁게 한 작품은 없었다.

런던의 모든 극장 매니저들은 즉시 서머싯 몸의 희곡을 요청했고, 몸은 자기 책상에서 오래된 원고들을 찾아냈다. 그리고 몇 주 지나지 않아 그의 작품 중 세 편이 관객석을 가득 메운 가운데 공연되었다. 어마어마한 규모의 인세가 쏟아져 들어왔다. 출판업자들은 혜성처럼 등장한 이 천재의 작품을 서로 차지하려고 안달했다. 사교계는 그에게 초대장을 보냈고, 서머싯 몸은 11년간의 무명생활을 접고 메이페어 고급 주택지 응접실에서 축배의 대상이 되었다.

몸은 1시 이후에는 절대 글을 쓰지 않는다고 내게 말했다. 오후에는 뇌의 흐름이 끊긴다는 것이다. 그는 항상 펜을 잡기 전 한 시간 동안은 파이프 담배를 피우며 철학책을 읽었다.

그는 내게 자기는 미신을 믿지 않는다고 말했지만, 그럼에도 자기 책의 표지에 '악마의 눈' 표식을 찍어두었다. 또 가족이 사용하는 식기와 필기구, 그리고 트럼프 카드에도 똑같은 진기한 문양이 찍혀 있었다. 심지어는 벽난로 위의 선반과 별장 입구에도 새겨두었다. 내가 정말로 그것을 믿는지 물었을 때, 그는 그저 웃기만 했다.

…17
클래런스 대로

어린 시절에 당한 모욕이 계기가 되어
당대 최고의 형사 전문 변호사가 되다

한 어린 소년이 자리에서 가만히 있지 못하고 계속 안절부절못하며 몸을 쉴 새 없이 움직이자 학교 선생님이 다른 학생들이 보는 앞에서 그의 빰을 때렸다. 소년은 모욕을 참지 못하고 집으로 오는 내내 울었다. 이때 그는 겨우 다섯 살이었지만, 자신이 잔인하고 부당한 취급을 받았다고 느꼈다. 소년은 잔인함과 부당함에 대한 혐오감을 에너지 삼아 평생 투사로 살았다.

이 소년의 이름이 클래런스 대로였다. 아마 미국에서 가장 유명한 변호사이자 확실히 당대의 가장 위대한 형사 전문 변호사이다. 그의 이름은 누차 전국 모든 신문의 헤드라인을 장식했다. 그는 개혁자인 동시에 반항아였고 투사였으며 희생자들의 옹호자였다.

오하이오 주 애슈터뷸라에서 오래 살아온 노인들은 지금도 대로가 담당했던 첫 번째 소송을 잊지 않고 있다. 사건은 고작 5달러짜리 중고 마구馬具의 소유권과 관련된 것이었지만, 클래런스 대로에게는 원칙이 걸려 있는 문제였다. 부정이 으르렁거리며 고개를 쳐들었고, 대로는 마치 벵골 호랑이를 상대하듯 그에 맞서 싸웠다. 그가 이 소송에서 받은 수임료는 고작 5달러였지만, 그는 자기 돈을 들여 7년간 재판을 일곱 번이나 하며 끝까지 물고 늘어져 결국은 승소했다.

대로는 자신이 결코 돈이나 명성에 대한 욕심이 없으며, 늘 게으른 인간이었다고 말했다. 그는 한 시골학교 교사로 사회에 첫발을 내디뎠다. 그리고 어느 날 그의 전체 인생을 바꿔놓은 한 사건이 일어났다. 그 마을에는 말에 편자 박는 일을 하는 대장장이가 살고 있었는데 그는 시간이 날 때마다 법에 대해 공부했다.

어느 날 대로는 이 대장장이가 양철공 가게에서 한 소송 사건을 두고 논쟁하는 것을 들었고, 이 시골 웅변가들의 재치와 유창한 언변에 매료되었다. 대로 자신도 논쟁을 즐겼다. 그래서 그는 대장장이의 법률서적을 빌려 법을 공부하기 시작했다. 월요일 아침에는 법률서적을 학교에 가져가 아이들이 지리나 산수를 공부하는 동안 자신은 법전의 책장을 넘겼다.

대로는 만약 그의 행동을 자극하는 일이 일어나지 않았다면, 그는 평생 시골 변호사로 살았을지도 모른다고 말했다. 그와 아내는 한 치과의사로부터 오하이오 주의 애슈터뷸라에 있는 작은 집을 사기로 했다. 가격은 3,500달러였다. 이에 대로는 자신의 전 재산이었던 500달러를 은행에서 인출했고 나머지는 매년 분할하여 지불하기로 합의했다. 그런데 계약이 거의 성사되려고 할 때 치과의사의 아내가 서류에 서명하기를 단호하게 거부하며 경멸하는 말투로 말했다. "이봐요 젊은 양반, 난 당신이 평생 3,500달러를 벌 수 있을 것 같지가 않군요."

대로는 격분했다. 그는 아예 정나미가 떨어져 이런 동네에서 살고 싶지 않았다. 그래서 자기 발에서 애슈터뷸라의 흙을 털어내고는 시카고로 이사했다. 시카고에서의 첫 1년 동안 그는 300달러밖에 못 벌었다. 방세를 내기에도 충분치 않은 금액이었다. 그러나 다음 해에는 그 도시의 고문 변호사가 된 덕분에 첫해의 열 배에 달하는 3,000달러를 벌었다.

대로는 이렇게 말했다. "제 운이 바뀌기 시작하자 모든 일이 빠르게 좋은 쪽으로 흘러가는 듯했습니다." 머지않아 그는 시카고앤노스웨스턴 철도회사의 수석 변호사가 되었고, 계속 승승장구하며 큰돈을 벌어들였다. 그러던 중 갑작스런 소요가 일어났다. 그것은 파업이었다. 증오와 폭동, 유혈 사태가 발생한 것이다.

대로는 심정적으로 파업 참가자들에게 동조했다. 철도노조 대표인 유진 뎁스가 법정에 소환되자 대로는 철도회사를 대변해야 하는 자기 직책을 벗어던지고 파업 참가자들의 편에 섰다. 그것이 세상을 떠들썩하게 한 대로의 격렬한 첫 번째 재판이었다.

그가 담당한 재판은 모두 법정 역사상 획기적인 사건으로 인식되었다. 예컨대, 그 유명한 레오폴드와 로엡의 사건을 보자. 이들은 어린 바비 프랭크스를 살해했다고 고백한 범죄자들이다. 대중은 이 범죄의 잔혹함에 너무 충격을 받고 치를 떨었기 때문에 클래런스 대로가 두 살인범의 변호를 맡았을 때, 사람들은 감히 그 흉악범들을 옹호한다며 그를 욕하고 괴롭히고 범죄자들보다 더 악랄하다고 성토했다. 그러면 그는 왜 살인자들의 편에 섰을까? 그의 말을 직접 들어보자.

"저는 증오와 원한의 물결에 저항하여 내가 할 수 있는 일을 하기 위해 뛰어들었습니다. 그때까지 제 고객 중 누구도 사형을 당하지는 않았죠. 만약 그런 일이 일어난다면 거의 죽을 정도로 괴로울 것 같더군요. 저는 사형집행에 관한 이야기는 도저히 읽을 수가 없었습니다. 교수형이 집행되는 날이면 가능하면 항상 도시를 떠났지요. 저는 사형에 절대 반대합니다." 사회가 범죄자를 만들고, 누구라도 범죄를 저지를 수 있다는 것이 그의 생각이었다.

대로 자신도 재판을 받는다는 것이 어떤 것인지를 잘 알고 있었다. 그는 한 배심원에게 뇌물을 준 혐의로 고발당한 적이 있고, 그때 강력한 변론으로 자신을 변호해야 했다. 그가 경험한 가장 감동적인 감사 표현은 그 자신의 재판 중에 받은 것이었다. 그의 과거 고객 한 사람이 그를 만나 이렇게 말했다. "변호사님은 예전에 제가 곤경에 처했을 때 저를 교수대에서 구해 주셨지요. 지금 변호사님이 곤경에 처해 계시니 이제 제가 변호사님을 도울 차례입니다. 전 변호사님에게 불리한 증언을 하는 주요 증인을 기꺼이 없애드리겠습니다. 물론 그에 대한 대가는 한 푼도 받지 않겠습니다."

몇 년 전, 대로는 자신이 살아온 이야기를 담은 책 한 권을 출판했다. 나는 밤늦도록 그가 자신의 인생철학을 설명한 장을 읽고 감동했던 기억이 생생하다. 여기 그 글을 옮겨본다.

"내가 실제로 어느 정도의 성취를 이루었는지는 잘 모르겠다. 나는 살아오면서 크고 작은 실수를 했고, 인색한 운명으로부터 가능한 많은 즐거움을 우려냈다. 삶의 방향과 종착지를 유념한 상태에서 매일 매일이 그 자체로 충분해야 한다는 것이 내 생각이다. 나는 내가 늙었다는 것을 실감할 수 없다. 그 긴 시간은 어디로 가버린 걸까? 온 세상과 헤아릴 수 없는 시간을 앞에 두고 삶의 여행길에 나섰던 때가 바로 엊그제 같다. 이제 순례는 거의 끝나고 날도 저물어가는데, 아직 가보지 못한 길은 한도 끝도 없는 듯하고 그동안 걸어온 길은 너무 짧아 보인다."

...18
클라이드 비티

사자 입안에 머리를 들이민다고? 일단 방독면이 있어야 한다

그는 호랑이 발톱에 할퀴고 이빨에 물어뜯겼다. 그리고 사자의 이빨이 자신의 다리를 파고들어 뼈까지 닿는 것을 분명히 느꼈다. 코끼리는 그를 거칠게 대했고, 곰은 그를 밟아 뭉갰으며, 흑표범은 발톱으로 할퀴고 하이에나는 이빨로 물어뜯었다. 그는 스물한 번이나 피를 흘리며 살이 찢겨진 상태로 병원에 실려갔다. 그의 사자 중 가장 큰 녀석인 네로가 그와의 관계에 마침표를 찍은 마지막 스물한 번째 사고 때, 그는 10주 동안 병원 신세를 졌고 거의 다리 한쪽을 잃을 뻔했다.

클라이드 비티가 하는 일은 세상에서 가장 위험한 직업에 속한다. 생명보험회사들은 그가 어느 때든 포악한 발톱에 의해 갈가리 찢겨질 수 있다는 것을 알고 있었다. 그래서 그들은 그의 생명을 걸고

도박을 하려 하지 않았다. 그는 보험 혜택을 받을 수 없는 유일한 서커스 공연자였다.

비티는 가끔 사자와 호랑이 다루는 일을 그만둘까도 생각했었다고 내게 말했다. 하지만 그 일을 때려치우고 매일 공장에 출근 도장을 찍거나 또는 그와 비슷한 일을 하게 되면, 그 일이 자신을 죽이게 될 것 같았다. 자신이 꼭 죽어야 한다면 지루함을 견디지 못해 죽느니 차라리 짐승의 이빨에 물려죽는 편이 낫다는 것이 그의 생각이었다.

클라이드 비티는 오싹하고 전율을 느끼게 하는 인생의 절반, 즉 15년을 서커스단의 대형 천막 밑에서 보냈다. 오하이오 주 칠리코시에서의 어린 시절, 그는 서커스에 미쳐 있었다. 어느 날 바넘앤베일리 서커스단이 읍내에 공연하러 왔고, 한 세탁소의 창문에 포스터가 나붙었다. 노란색과 자주색과 빨간색의 화려한 그림에는 우리에 가득한 으르렁대는 아프리카 사자들에게 채찍을 휘둘러대는 멋지고 용맹스런 사자 조련사의 모습이 그려져 있었다. 비티는 가게 안으로 들어가 세탁소 주인에게 서커스단이 마을을 떠나면 그 포스터를 자기한테 달라고 간청했다. 이에 세탁소 주인이 대답했다. “좋다. 일주일 동안 내 심부름을 해주면 그걸 네게 주마.” 비티는 그렇게 하겠다고 말했다.

이 열두 살짜리 아이에게는 이미 덥석 물고 으르렁대는 자신만의 친구들이 있었다. 최소한 그는 그들을 자신의 친구로 여겼다. 즉,

그에게는 앞발을 들고 재롱부리거나 몸을 뒹굴고 뒷다리로 걷는 법을 직접 훈련시킨 개들이 다섯 마리가 있었다. 그리고 종종 손수 서커스 공연 포스터를 만들어 붙이고는 동네 아이들을 모아놓고 야생동물 공연을 펼쳤다. 그 후로 매년 서커스단이 올 때마다 그는 그들을 찾아가 그곳에서 일할 수 있게 해달라고 간청했다. 하지만 그때마다 그가 너무 어리다는 이유로 거절당했다.

그러던 어느 해 여름에 큰 서커스단 마차가 덜거덕 소리를 내며 읍내 밖으로 빠져나갔고 그 위에 클라이드 비티가 타고 있었다. 그의 심장은 흥분으로 고동쳤지만, 그의 부모님은 사흘 동안 미친 듯이 아들을 찾아 헤맸다. 여러 날 동안 울면서 밤을 지새우던 클라이드의 어머니는 얼마 뒤에 서커스단에서 우리를 청소하는 일자리를 얻었다는 아들의 편지를 받았다. 그는 겨우 열다섯 살이었고, 한 달에 5달러를 받고 천국에서 살 수 있는 기회를 얻었다.

그리고 10년 만에 오하이오 주 칠리코시 출신의 이 젊은이는 역대 최고의 사자 조련사가 되었다. 그가 선보인 연기는 너무도 위험하고 무모하여 서커스 단원들조차 혀를 내두르며 그런 공연은 도저히 불가능하다고 말할 정도였다. 그리고 비티가 실제로 그런 연기를 펼치는 것을 보았을 때, 그들은 그가 자기 생명을 아무렇게나 취급하는 미치광이라고 말했다.

그는 40마리의 포효하는 사자와 호랑이를 같은 우리에 집어넣고 채찍을 내리치며 그들이 자기 몫의 장기를 선보이게 했다. 40마리의 사자와 호랑이들은 증오심으로 털을 곤두세우고 분노로 으르렁거렸다. 이런 공연에는 심지어 서커스 종사자들조차 큰 당혹감을 느꼈다. 사자와 호랑이는 서로 철천지원수였던 것이다. 그들은 상대를 보는 즉시 싸움에 돌입한다. 그리고 비티는 한 번 이상 서로 싸우고 포효하고 살기등등한 밀림의 맹수들이 가득한 우리 안으로 들어갔다.

그런데 참 이상하게도 클라이드 비티는 다루기 가장 위험한 동물은 사자와 호랑이가 아니라고 한다. 그는 사자와 호랑이, 표범, 곰, 하이에나, 코끼리 등의 모든 동물들을 다루어본 후에 가장 위험한 짐승은 북극곰이라는 사실을 알아냈다.

또 그는 가장 고난도의 묘기는 호랑이가 코끼리의 등에 올라타게 만드는 것이라고 말한다. 사실 비티 자신도 어느 날 코끼리에게 거의 죽을 뻔했는데, 호랑이 우리에 다녀온 비티에게서 자신이 몹시 싫어하는 호랑이 냄새를 맡았던 코끼리가 공격을 가했기 때문이다.

혹시 동물 조련사들은 동물의 눈을 똑바로 쳐다보는 방법으로 그들을 길들인다는 말을 들어보았는가? 클라이드 비티는 그것은 아주 터무니없는 소리라고 내게 말했다. 보통 사사는 가장 섹시한 메이 웨스트 같은 여자가 그를 쳐다본다 해도 그저 소 닭 보듯 할 뿐이다. 비티는 자신이 동물들의 눈을 쳐다보는 유일한 이유는 그들이 뭘 하고 있고 다음엔 뭘 할지를 알아내기 위해서라고 한다.

실제로 사자 입 안에 자기 머리를 집어넣은 조련사는 없다고 비티는 말한다. 그냥 그런 것처럼 보일 뿐이란다. 비티의 말을 들어보자. "아주 무모한 동물 조련사들을 몇 명 알고 있긴 하지만, 제 머리를 사자 입안에 들이밀 정도로 비정상적인 조련사가 있다는 말은 들어보지 못했습니다." 게다가 사자는 입 냄새가 너무 지독하여 녀석의 제일 친한 친구조차도 방독면을 써야 할 정도다.

또 다른 일반적인 속설은, 사자 조련사들이 시뻘겋게 달군 부지깽이를 이용하여 성난 동물들을 조종한다는 것이다. 하지만 비티는 만약 자살하고 싶을 경우, 좋은 방법은 바로 빨갛게 달군 부지깽이에 덴 사자나 호랑이 우리에 들어가는 것이라고 한다. 그가 사용하는 해롭지 않은 무기는 부엌 의자, 채찍, 그리고 공탄이 든 권총이다.

비티를 화나게 하는 한 가지는 자신이 '사자 길들이는 사람' 이라고 불리는 것이다. 그는 사자를 길들이는 사람이 아니라 훈련시키는 사람이다. 그는 사자는 길들여지지 않는다고 말한다. 그건 호랑이도 마찬가지다. 사실 그들은 갇혀 있을 때도 아시아나 아프리카의 정글에서 포효했을 때만큼이나 야성이 살아 있다. 클라이드 비티는 길들여진 동물들, 즉 동물원에서 태어난 동물들도 다루어본 적이 있다고 한다. 그러나 그는 언제나 야생동물을 더 좋아한다. 길들여진 동물은 버릇없이 키운 어린아이와 같다. 그들은 귀여움과 응석을 받아주는 환경에서 자라 결국에는 말도 잘 안 듣고 일도 안 하게 된다.

비티가 가장 자주 받는 질문은 사자와 호랑이가 싸우면 누가 이

기느냐는 것이다. 솔직히 말하면 그도 잘 모른다. 그는 사자와 호랑이가 싸우는 큰 우리 안에 수십 번 들어가 보았지만, 사자들은 항상 무리를 짓는 반면 호랑이는 혼자 싸운다. 사자 한 마리가 싸우기 시작하면 주위에 있던 사자들이 전부 달려와 그를 돕는다. 특히 그들이 형제 사이일 경우 그렇다. 사자들은 흡사 소년들과 같아 싸움이 일어나면 꼭 패거리를 짓는다. 하지만 호랑이에게는 종족 의식이 없어 다른 호랑이가 죽임을 당하는 동안에도 자신의 받침대 위에 앉아 실제로 하품만 해댄다.

클라이드 비티가 서커스 쇼에서 행하는 가장 흥미로운 스턴트 중 하나는 곰이 완벽하게 재주넘기를 하게 하는 것이다. 세계에서 그런 종류의 묘기로는 이것이 유일하다. 그는 이 사실을 우연히 발견했다. 어느 날 비티가 우리에 있을 때, 곰이 이빨을 드러내고 발톱을 긴장시키며 눈에 살의를 담은 채 당장 찢어발길 듯한 자세로 그에게 다가왔다. 녀석은 비티를 죽일 태세였다. 그의 공격은 너무 갑작스럽고 맹렬하여 비티는 그 순간 번개처럼 머릿속에 떠오른 생각대로 움직였다. 바로 뒤로 물러났다가 곰의 코를 후려갈긴 것이다. 코를 얻어맞는 것은 곰에게 가장 참기 힘든 고통이다. 비티의 주먹에 코를 가격당한 곰은 몸이 통째로 뒤집히며 완벽한 공중제비를 연출해 냈다. 비티는 여기서 아이디어를 얻었다. 하지만 요즘에는 곰에게 공중제비를 시키려면 그저 녀석의 코를 채찍으로 툭 치기만 해도 된다.

클라이드 비티는 밀림의 야생동물들을 알고 있으며 확실히 그 누구보다 더 잘 안다. 하지만 정작 자신이 좋아하는 동물은 개라고 한다.

...19
메이요 형제

마을 전체를 초토화시킨 재난에 울고
세계를 광증으로부터 구해내다

반세기도 더 전에 토네이도가 미네소타 주의 한 마을을 초토화시키지 않았다면, 의학 역사상 가장 놀라운 발견 하나는 결코 이루어지지 못했을지도 모른다.

토네이도가 강타한 마을은 로체스터였다. 지금 이곳은 의학 역사에 길이 빛나는 위대한 두 외과 의사 메이요 형제들의 고향으로 전 세계에 알려져 있다. 그들이 발견한 것은 광증 치료약이었다. 이 약이 정신박약자나 정신이상자의 몸에 주입되면 빠르게 피의 흐름이 바뀌면서 환자의 온전한 정신이 회복된다.

이 발견은 인류에게 무엇을 의미할까? 여기 몇 가지 사실을 소개한다. 이를 토대로 스스로 생각해 보기 바란다.

미국의 병원에는 다른 모든 병을 합한 것보다 정신질환으로 고생하는 환자들이 더 많다. 오늘날 고등학생 열여섯 명 중 한 명이 인생의 일부를 정신병원에서 보내게 될 것이다. 만약 당신이 열다섯 살이고 뉴욕 주에 거주하고 있다면, 일생 중 7년을 정신질환자 수용 시설에서 보낼 확률이 5퍼센트에 이른다. 지난 10년 동안 미국에서 정신질환이 거의 두 배로 증가했다. 만약 이 무서운 증가율이 100년간 계속되면, 미국 전체 인구의 절반이 정신병원 신세를 지게 되며 나머지 절반은 세금으로 그들을 부양하느라 진땀을 흘리게 될 것이다.

이 놀라운 치료약을 연구한 메이요 형제는 세계에서 가장 유명한 외과 의사들이다. 파리, 런던, 베를린, 로마, 레닌그라드, 그리고 도쿄의 의사들이 그들에게 한 수 배우기 위해 로체스터로 몰려들었다. 대부분 죽음과 사투를 벌이고 있는 환자들이 마지막으로 한 가닥 희망을 품고 1년에 6,000명 정도 마치 성지 순례하듯 메이요 클리닉을 찾는다.

그러나 다시 말하지만, 60여 년 전에 토네이도가 중서부 지역을 쑥대밭으로 만들어놓지 않았다면, 세상은 아마 메이요 형제나 로체스터, 또는 이 광증 치료제에 대해 전혀 들어보지도 못하게 되었을지 모른다. 메이요 형제들의 아버지인 메이요 박사가 80년 전 그곳에 정착했을 때, 로체스터의 인구는 2,000명밖에 되지 않았다. 그가 처음으로 받은 두 환자는 병든 암소 한 마리와 병든 말 한 마리였다.

인디언 전쟁이 발발했을 때, 메이요 박사는 머스킷 총을 잡고는 인디언들을 무찔렀고, 전투가 끝난 후에는 전장을 돌면서 전사자들을 수습하고 부상자를 치료했다. 그의 단골 환자들은 미네소타 주의 초원 위로 무려 80킬로미터에 걸쳐 흩어져 있었다. 그들 중 많은 사람들이 초원의 흙으로 만든 집에서 살고 있었다. 그들은 의사에게 진료비를 지불할 능력이 없었다. 그러나 인자한 메이요 박사는 그들의 통증과 고통을 줄여주기 위해 밤새도록 먼 길을 여행하기도 했다. 때로는 벌건 대낮에도 자기 손을 볼 수 없을 정도로 지독한 눈보라와 싸우며 길을 헤쳐 나갔다.

그에게는 나중에 메이요 형제라는 이름으로 전 세계에 유명을 떨치게 되는 두 아들 윌리엄과 찰스가 있었다. 그들은 동네 약국에서 일하며 처방약을 조제하고 알약을 가루로 만드는 법을 배웠고 의과대학에 진학했다. 그리고 비극이 일어났다. 그것은 의학 역사에 지대한 영향을 미치게 될 비극이었다.

무서운 파괴력을 지닌 토네이도가 진노한 신처럼 미네소타 주의 초원을 휩쓸어버린 것이다. 그 가공할 회오리바람은 자기 앞을 가로막는 모든 것을 부수고 뒤엎으며 산산조각 내고, 로체스터를 강타하여 완전히 묵사발을 만들어놓았다. 수백 명이 부상을 입고 스물세 명이 사망했다. 메이요 형제들과 그들의 아버지는 여러 날 동안 폐허의 한가운데서 상처에 붕대를 감고 부러진 사지를 고정시키며 수술을 시행했다. 성 프란시스코 수녀원 원장이던 알프레드 수녀는 그들의 활약에 크게 감동하여 메이요 가족이 운영한다는 조건으로 병원을 지어주겠다고 제안했고, 그들은 이를 수락했다.

1889년, 메이요 클리닉이 문을 열었을 때 메이요 박사는 일흔 살이었고 그의 두 아들은 병원 인턴으로 일해 본 적도 없었다. "저희는 완전 풋내기들이었습니다." 메이요 형제들은 스스로를 그렇게 묘사했다. 하지만 형인 윌리엄 메이요는 세계 최고의 암 권위자가 되었다. 두 형제는 상대가 더 뛰어나다고 믿었으며, 둘 다 가장 청결한 수술을 진행하는 것으로 유명했다. 그들은 안전하고 신속하게 작업했고, 그것은 대부분의 외과 의사들을 놀라게 한 신속함이었다.

그들은 아침 7시에 병원에 도착한 후 매일 4시간 동안 계속 수술했으며, 다년간 하루에 15~30건의 수술을 집도했다. 그러나 두 사람 모두 연구를 계속하며 자신의 의술을 개선하려 했고 스스로 아직 배울 게 많다는 점을 인정했다. 지금은 로체스터 시 전체가 메이요 클리닉에 의해, 또 메이요 클리닉을 위해 존재한다. 거리에는 자동차들이 다닐 수 없으며, 버스들은 조용조용 달리며 심지어는 거리에서 나누는 대화도 자제된다.

이곳에서는 극빈자와 은행장, 농부와 인기 영화배우들이 모두 대기실에서 차례를 기다려야 하며, 모두가 동등한 대우를 받는다. 부자들은 그들의 재산 정도에 따라 진료비를 지불한다. 하지만 그 누구도 돈이 없다는 이유로 진료를 거부당하는 사람은 없다.

메이요 형제들이 하는 활동 중 3분의 1은 자선이다. 그들은 결코 계산서를 청구한 적이 없고 어음을 받은 적도 없으며 환자가 진료비를 내기 위해 자기 집을 저당 잡히게 하지도 않았다. 그저 환자가 지불할 수 있을 만큼의 현금을 받고 그것으로 모든 계산을 끝냈으며, 수술하기 전에 환자에게 치료비를 얼마나 낼 수 있겠는지를 묻지도 않았다.

한 사람이 자기 농장을 담보로 잡고 치료비를 지불한 적이 있는데, 이 사실을 알게 된 메이요 형제들은 그의 수표를 되돌려주고 오히려 그가 병중에 겪은 손실을 보충해 주기 위해 몇 백 달러짜리 수표를 보내주었다.

그들은 돈을 버는데 전혀 관심이 없던 두 소년들의 전형적인 예다. 하지만 아이러니하게도 그들에게는 홍수처럼 돈이 쏟아져 들어왔다. 또 그들은 명성에도 관심이 없었지만 미국에서 가장 유명한 외과 의사가 되었다.

메이요 형제들의 유일한 소망은 고통 받는 인류에게 도움을 주는 것이다. 그들의 대기실 책상 위에 걸려 있는 액자에는 그들의 성공 비결을 알려주는 글이 적혀 있다.

"세상이 원하는 것을 갖춰라. 그러면 숲 속 한가운데 있어도 집 앞까지 이어지는 길이 생겨날 것이다."

...20

레오 톨스토이

자신이 쓴 세계 최고의 소설 두 권을 부끄럽게 여기다

여기 《아라비안나이트》 속의 어떤 이야기 못지않게 믿기 힘든 인생 이야기가 있다. 그것은 우리 시대에 사망하고-정확히 1910년이다.-죽기 전 20년 동안 그를 추앙하는 사람들이 끝없는 행렬을 이루어 그의 얼굴을 보고 목소리를 듣거나 옷자락이라도 만져보기 위해 그의 집까지 순례를 왔을 정도로 큰 존경을 받은 한 대작가의 이야기다.

친구들은 그의 집에 와서 한 번에 몇 년씩 살면서 지극히 가벼운 대화를 할 때조차 그의 입에서 나오는 모든 말을 속기로 받아 적었으며, 그의 일상생활의 가장 사소한 행동까지 아주 세세하게 묘사했다. 그리고 이 기록들은 엄청난 양의 책으로 출판되었다.

이 인물과 그의 사상에 대해 거의 2만 3,000권의 책-2,300권이

아니라 2만 3,000권이다.—과 5만 6,000여 개의 신문 및 잡지 기사가 쓰였다. 또 그 자신의 저작은 100여 권에 달한다. 정말 대단한 규모가 아닐 수 없다.

그의 인생 이야기는 그가 쓴 일부 소설의 내용만큼이나 색채가 풍부하다. 그는 방이 마흔두 개나 있는 대저택에서 태어났고 옛 러시아 귀족의 부유하고 사치스러운 가정환경에서 성장했다. 그러나 인생 말년에 그는 자신의 모든 땅과 재산을 포기했으며, 인적 드문 러시아의 한 철도역에서 농부들이 지켜보는 가운데 돈 한 푼 없이 사망했다.

청년 시절, 그는 신사인 척하는 속물이었고 걸음걸이에도 잔뜩 힘이 들어가 있었으며 멋을 부리느라 모스크바의 양복점에 꽤 많은 돈을 갖다 바쳤다. 하지만 인생 후반기에는 러시아 농부처럼 거칠고 투박한 옷차림을 했고 손수 신발을 만들어 신었으며, 직접 자기 잠자리를 정돈하고 자기 방도 직접 청소하며 소박한 테이블에서 나무 그릇과 나무 숟가락으로 간소한 식사를 했다.

젊었을 때 그는 그 자신의 표현을 빌리면 '더럽고 타락한 삶'을 살면서 술에 취하고 결투를 했으며, 심지어 살인을 포함한 상상할 수 있는 온갖 죄를 저질렀다. 그러나 인생 후반에는 진실로 예수의 가르침을 따르려 했고, 성스러운 삶의 측면에서 러시아에 가장 큰 영향을 주었다.

결혼생활 초기에 그와 아내는 너무 행복하여 실제로 무릎을 꿇고 전능하신 신에게 그들의 황홀하고 성스러운 행복이 영원하게 해달라고 기도했다. 그러나 훗날 그들은 비극적일 정도로 불행해졌다. 마침내 그는 아내를 쳐다보는 것조차 혐오하게 되었고, 죽기 전 그의 마지막 청은 아내가 자기 앞에 얼씬도 하지 못하게 해달라는 것이었다.

청년 시절, 그는 대학 시험에 떨어졌고 그의 개인교사들은 그의 둔한 머릿속에 뭔가 채워 넣는 일이 도저히 불가능하다고 느낄 정도였다. 하지만 30년 뒤에 그는 세계에서 가장 위대한 소설 두 권을 썼다. 바로 《전쟁과 평화》와 《안나 카레리나》다. 이들은 가히 만대에 걸쳐 그 생명력을 이어나갈 만한 작품들이다.

오늘날 톨스토이는 러시아 밖에서 그 암울하고 유혈이 낭자했던 제국을 통치한 모든 황제들보다 더 유명하다. 하지만 그는 이 위대한 소설들을 쓰고 행복해했을까? 얼마 동안은 그랬다. 그런데 나중에는 이 소설들을 매우 부끄러워했고, 남은 생을 소책자를 쓰면서 평화와 사랑, 그리고 빈곤 철폐를 설파하는데 바쳤다. 이 소책자들은 수레로 운반되어 각 가정에 싼 값에 팔렸고, 이런 식으로 4년 만에 1,200만 부가 배포되었다.

몇 년 전에 나는 영광스럽게도 파리에서 톨스토이의 막내딸과 안면을 트게 되었다. 그녀는 아버지의 말년에 그의 비서 역할을 했고, 아버지가 임종할 때 그 곁을 지켰다. 나는 톨스토이에 관한 이런 많은 사실들을 직접 그녀의 입을 통해 들었다. 그 이후 그녀는 아버지에 관한 책 《톨스토이의 비극》을 썼다.

정말이지 톨스토이의 삶은 비극이었고, 그 원인은 결혼이었다. 그의 아내는 사치를 좋아한 반면, 그는 그것을 경멸했다. 아내는 명성과 사회의 찬사를 갈망했지만, 그런 하찮은 것들은 남편에게 아무 의미도 없었다. 그녀는 돈과 부를 원했지만 톨스토이는 부와 사유재산은 죄악이라고 믿었다. 아내는 힘에 의한 지배가 옳다고 여긴 반면 남편은 사랑에 의한 지배를 옹호했다.

설상가상으로 그녀는 질투심이 아주 심했다. 그녀는 남편의 친구들을 싫어했고, 자신의 딸마저 집에서 쫓아내고는 남편의 방으로 뛰어 들어가 딸의 초상화에 대고 공기총을 쏘았다.

오랜 세월 아내는 바가지를 긁고 욕을 하며 소리를 지르는 등 남편을 학대했으며, 톨스토이의 말대로 그의 가정을 진정한 지옥으로 만들었다. 그 이유는 톨스토이가 러시아 사람들이 로열티를 지불하지 않고 자신의 책을 마음껏 출판할 수 있도록 하겠다는 뜻을 고집했기 때문이다. 남편이 자신의 뜻에 따르지 않자 아내는 히스테리 발작을 일으키며 바닥에서 뒹굴고 아편 병을 입에 들이부었다. 죽어버리겠다며 악을 쓰거나 연못에 뛰어들겠다고 하며 위협하기도 했다.

어쨌거나 톨스토이 부부의 결혼생활은 거의 반세기 가까이 이어졌다. 때로 그녀는 남편 앞에 무릎을 꿇고, 그들이 열정적으로 사랑했던 48년 전에 남편이 일기에다 썼던 그녀를 향한 아름답고도 애절한 사랑의 메시지를 읽어달라고 애원했다. 이제는 영원히 사라져 버린 그 아름답고 행복했던 시절에 썼던 글을 남편이 다시 읽어주면 두 사람 모두 비통하게 흐느꼈다.

마침내 여든두 살이 된 톨스토이는 더 이상 가정의 비극과 불행을 견딜 수가 없었다. 그래서 1910년 10월 21일 밤에 아내로부터 도망쳐 어디로 가는지도 모른 채 추위와 어둠 속으로 길을 나섰다.

그로부터 열하루 뒤에 그는 "신께서 모든 것을 다 조율해 주실 것"이라고 말하며 한 철도 역사에서 폐렴으로 사망했다. 그가 마지막으로 남긴 말은 "진리를 추구하라, 늘 진리를 추구하라."였다.

...21
J. P. 모건

총과 폭탄의 위협 속에서도 백합을 기르다

금융의 세계에서 가장 막강한 힘을 지닌 인물은 아마 월스트리트의 독재자이자 주식과 채권계의 거물로 통하는 J. P. 모건일 것이다. 하지만 신비의 베일에 가려져 있다고 해도 과언이 아닐 정도로 한 인간으로서의 모건에 대해서는 알려진 것이 거의 없다. 그는 노출을 피했고, 사진사들에 대한 혐오감은 가히 공포 수준이었다.

모건은 화가 나면 경솔하다 싶을 정도로까지 퉁명스러웠다. 사실 그는 말에 너무 거리낌이 없어 가끔 '미국에서 외교적 언사에 가장 서툰 사람' 이라는 평가를 받았다.

신장 180센티미터에 체중 90킬로그램의 건장한 체구를 지녔던 모건은 담력이 대단했고 전혀 두려움을 몰랐다. 예컨대, 어느 날 한 미친 사람이 모건의 집에 쳐들어와 총을 뽑아 들고는 쏴버리겠다고 위협했다. 이때 모건은 가까운 문을 통해 재빨리 몸을 피할 수도 있었지만, 그러지 않고 빛이 번뜩이는 권총을 향해 똑바로 걸어갔다. 그러자 곧바로 총성이 울렸고 모건은 비틀거렸다. 총알이 그의 배에 박힌 것이다. 그는 비틀거리면서도 계속 다가가 그 미치광이를 덮치고는 그의 손에서 총을 빼앗았다. 그리고는 곧 바닥에 의식을 잃고 쓰러져 급히 병원으로 이송되었다. 이때 그는 간발의 차로 죽음을 모면했다.

보통 사람은 월스트리트 23번지의 '황금의 제왕'이 머무는 사무실에 접근이 거의 불가능했다. 낮게 웅크리고 들어앉은 그 대형 금융거래의 성채는 간단히 '코너(The Corner)'라고 알려져 있다. 관광안내원들은 관광객에게 반드시 그 건물의 표면에 새겨진 테러의 상흔을 빼놓지 않고 언급한다. 그것은 40명의 사상자와 200명 이상의 부상자를 낳고 200만 달러 가치의 재산을 날려버린 1916년의 그 끔찍한 재앙을 상기시켜주는 유일한 흔적이다.

그 사건은 정확히 정오가 1분 지난 시점에 발생했다. 태평하고 행복해 보이는 사람들이 곳곳의 사무실에서 쏟아져 나왔지만, 모건 성채 맞은편에 서 있던 노쇠한 늙은 말과 마차에 주의를 기울이는 사람은 아무도 없었다. 그때 갑자기 눈이 부실 정도로 짙은 황록색의 빛이 번쩍였다. 그것은 튼튼한 초고층 빌딩들의 토대까지 뒤흔드는 강력한 폭발이었다. 50킬로그램의 TNT로 채워진 폭탄이 폭발한 것이다.

치명적인 폭탄 파편들이 세찬 빗발처럼 거리에 흩날리고 수많은 창문들이 산산조각 나며 깨진 유리 파편들이 폭풍우처럼 도로 위로 쏟아졌다. 지상 위 12층 높이에 있던 차양들도 갑자기 화염에 휩싸였다. 그리고 인도에서 6~9미터 위에 있는 유리창에서는 팔과 다리, 심지어는 사람의 머리까지 창문 아래 벽에 붙은 선반 위로 내팽개쳐졌다. 손발이 잘린 사람들이 피투성이가 된 채 비명을 지르며 거리를 내달리다가 그저 맥없이 쓰러져 죽었다. 소방차와 구급차의 사이렌 소리는 불에 기름을 붓듯 두려움과 공포를 더욱 가중시켰다.

아비규환의 혼돈이 잦아들었을 때, 폭탄을 실었던 말과 마차의 흔적이라곤 바퀴 파편, 말굽 두 개, 너트와 볼트 몇 개밖에 남은 것이 없었다. 그러나 정작 이 모든 테러의 표적이었던 모건은 그때 유럽에 있었다. 그는 어떤 대가를 치르든 이 참혹한 만행을 저지른 범인들을 잡겠다며 이를 갈았다.

현상금 5만 달러가 내걸렸고 뉴욕 경찰, 연방수사국, 비밀경찰, 그리고 사립탐정들이 역사상 최대 규모의 인간 사냥을 시작했다. 사냥의 범위는 전 지구로 확대되었다. 출항하는 선박을 비롯하여 캐나다와 멕시코의 국경지대에 대한 검문검색이 강화되었다. 뉴욕과 시카고, 그리고 다른 도시 10여 곳의 암흑가까지 단서를 찾아 샅샅이 훑었다. 이 수색 과정에 막대한 비용이 투입되었지만, 결국은 아무 소득도 없이 끝나버렸다.

무장경관 두 명이 모건의 사무실 앞에서 24시간 불침번을 섰고, 그가 일하는 낮은 건물의 지붕에는 근처의 고층건물에서 날아올지도 모르는 폭탄을 막기 위해 육중한 철망을 씌웠다. 그 견고하지만 화려하지는 않은 건물의 내실에는 책상들이 마치 학교 교실의 의자들처럼 두 개의 열을 이루어 배치되었다. 이 책상에서 모건의 동료 열여덟 명이 일했고, 그들 바로 뒤에서는 회사의 수장인 모건이 마치 시험을 감독하는 교장 선생님처럼 앉아 있었다.

세계 역사상 그 어떤 민간 금융회사도 정신없이 돌아가는 국가들의 문제에서 그토록 중요한 역할을 한 적이 없었다. 플로렌스의 메디치 가문이나 유럽의 로스차일드 가문도 이토록 광범위한 명성을 떨치지는 못했다. 로스차일드 가문은 나폴레옹으로부터 유럽을 구했지만, 모건은 제1차 세계대전에서 연합군이 승리하는데, 단일 은행으로서는 그 어떤 은행보다 더 큰 역할을 했다.

1915년에 모건의 회사는 역사상 최대 규모의 외채를 모집했고, 자그마치 5억 달러가 군자금으로 바다를 건너갔다. 모건의 회사는 전체 연합군을 위해 미국의 구매담당자 역할을 떠맡아 천문학적 가치의 무기와 보급품을 구매함으로써 한 달 동안 같은 기간에 전 세계에서 통상적으로 거래되는 양보다 더 많은 규모의 돈을 썼다.

J. P. 모건은 뉴욕의 소음과 매연만큼이나 런던의 짙은 안개에도 편안함을 느꼈다. 그는 아버지가 살아 계실 때 여러 해 동안 모건사의 영국 지점장으로 있었고, 월스트리트로 돌아왔을 때는 오후에

차를 마시는 영국의 전통도 함께 가져왔다.

런던의 그로스브너 광장에 있는 그의 집에서는 항상 일하는 사람들이 대기하고 있다가 그가 어느 때든–심지어 몇 달간 집을 떠나 있다가 돌아온 후에도–들러도 바로 식사가 준비되었으며 난로에는 불이 지펴져 있고 잠자리가 제대로 준비되어 있었다.

그는 미국 성공회의 가장 큰 기둥과 같은 인물이었지만, 수시로 로마에 있는 교황 피우스 11세와 서신을 주고받았다. 그가 바티칸을 방문할 때는 교황과 마주앉아 몇 시간 동안 대화를 나누었다. 무슨 이야기를 했을 것 같은가? 바로 이집트의 중세 언어인 콥트어로 쓰인 희귀한 사본에 대한 것이었다.

모건의 전용 도서관에는 콜럼버스가 미국을 발견하기 500년 전에 수도승들이 기록한 많은 채색 사본들이 소장되어 있었다. 그는 값을 따질 수 없을 정도로 매우 귀중한 셰익스피어의 2절판 책과 구텐베르크 성경 사본 한 권을 소장하고 있었다. 이 한 권만 해도 족히 20만 달러의 가치는 될 것이다. J. P. 모건은 셰익스피어와 성경에 대한 지식으로 유명했지만, 여러분이나 나처럼 좋은 탐정소설을 즐겨 읽었다.

'격조 높은 모건' 으로 통했던 그의 아버지처럼 모건도 예술에 대한 감식 능력이 매우 뛰어났다. 그는 그림, 조각, 벽걸이 융단, 도자기, 보석 등을 구입하는데 엄청난 돈을 썼다. 그리고 그가 자신의 귀중한 그림 일부를 팔 때면 관련 기사가 뉴욕 모든 신문의 헤드라인을 장식했다.

매년 크리스마스이브가 되면 모건 도서관에서 특별한 의식이 치러졌다. 바로 자녀와 손자 손녀들, 그리고 친한 친구 몇 명이 함께 모여 《크리스마스 캐럴》의 스크루지 영감의 이야기에 귀를 기울이는 것이다. 그런데 이 이야기는 인쇄된 책이 아니라, 디킨스 자신이 직접 손으로 쓴 원본으로 낭송되었다.

그 많은 부에도 불구하고 모건은 아주 사소하고 소박한 것에서 많은 기쁨을 느꼈다. 가령, 그는 낡은 모자와 외투 차림으로 비를 맞으며 걷기를 좋아했다.

그리고 그는 아내를 많이 사랑했다. 1925년에 아내가 세상을 떠난 후에는 아내의 방을 생전 당시와 똑같은 모습으로 유지되게 했다. 아내는 수면병이라는 불가사의한 병에 희생되었다. 그 많은 모건의 재산도 자신이 사랑한 여인의 생명을 구하는 데는 무력하기 짝이 없었다.

22
에반젤린 부스

숱한 남성의 청혼을 물리치고 사납게 날뛰는 말에 올라탄 여성

무수한 남성으로부터 청혼을 받은, 내가 아는 정말 대단한 한 여성이 있다. 백만장자, 어부, 농부, 그리고 바워리 거리에서 빈둥대는 비렁뱅이에 이르는 숱한 남자들이 청혼했지만, 그녀는 모두 거절했다. 유럽에서 매우 명망 있는 왕가의 한 왕자가 수개월간 그녀를 쫓아다니며 자기와 결혼해 달라고 애걸하기도 했다. 나이가 이미 일흔에 이른 시점에도 청혼 편지가 수도 없이 쏟아졌기 때문에 그녀의 비서는 구태여 그것들을 보여주려고도 하지 않았다.

그녀의 이름은 에반젤린 부스다. 1939년에 은퇴할 때까지 그녀는 역사상 가장 위대한 군대, 곧 구세군의 총사령관으로 활약했다. 구세군은 86개국에서 굶주린 자들을 먹이고 80여 개의 다양한 언

어로 사랑을 전파하는 3만여 명의 장교들로 구성된 군대다.

나는 에반젤린 부스를 만났을 때 다소 충격을 받았다. 이미 할머니라 불릴 정도의 나이였음에도 그녀의 암적색 머리칼에는 이제 겨우 몇 가닥의 새치가 보이기 시작할 뿐이었다. 그리고 온 몸이 생기로 반짝이고 열정으로 불타오르고 있었다.

'인생은 40부터' 란 말은 꺼내지도 말라. 만약 이 여인이 장정 두 명이 붙잡고 있어야 할 정도로 거칠고 사납게 날뛰는 말 위에 올라타는 것을 보았다면, 인생은 70부터 시작된다고 믿게 될 것이다.

에반젤린 부스는 그 말을 싸게 구입했다. 녀석이 너무 거칠어 말 주인이 타기를 두려워했기 때문이다. 말의 이름은 골든 하트였다. 부스가 골든 하트 위에 올라 "이제 가자!"라고 외치자 녀석은 껑충 뛰어오르며 앞으로 뒤로 옆으로 발광하듯 날뛰다가 부스가 진정시키고 나서야 잠잠해졌다. 그녀는 매일 아침 한 시간 동안 말을 탔다. 한 손엔 고삐를, 다른 손엔 연설문을 들고 숲 속을 질주하면서 강연을 준비하기도 했다.

또 부스는 매년 여름 미국에 있을 때 조지 호수로 가서 잭나이프 다이빙, 터틀백 다이빙, 스완 다이빙 등 고도의 기술을 요하는 다이빙을 해냈다. 예순세 살 때는 4시간 만에 조지 호수를 헤엄쳐 횡단하기도 했다. 그리고 부스는 매일 밤 침대 옆에 메모장을 놓고 잠들었다가 한밤중에 잠이 깨면 종종 뭔가를 적곤 했다. 잠을 이루지 못한 어느 날 밤에는 새벽 3시에 일어나 노래를 작사하고 작곡까지 했다.

에반젤린 부스는 자기 인생에서 가장 짜릿했던 경험 하나는 유콘 지역으로의 골드러시가 한창일 때 있었다고 한다. 세기가 바뀌기 직전에 알래스카에서 금이 발견되었고, 그 소식은 나라 전체를 흥분으로 들끓게 했다. 수많은 남자들이 머나먼 북쪽으로 서둘러 길을 떠나기 시작했고, 에반젤린 부스는 그곳에 간호사가 필요하리라는 것을 알고 있었다. 그래서 훈련된 두 명의 간호사와 서너 명의 조수를 데리고 유콘으로 향했다.

그녀가 스캐그웨이에 당도했을 때, 계란 한 개 가격이 25센트였고, 버터는 1파운드에 3달러나 되었다. 개중에는 굶주리는 자들이 있었고, 그들 모두가 총을 지니고 있었다. 부스는 사방에서 사람들이 '소피' 스미스에 대해 수군대는 소리를 들었다. '소피' 스미스는 클론다이크의 살인마이자 유콘의 딜린저(Dillinger, 미국의 유명한 은행 강도이자 살인범-옮긴이)로 통했다. '소피' 스미스와 그의 패거리들은 금광에서 돌아오는 광부들을 기다리고 있다가 경고도 하지 않고 총질을 하고는 그들의 사금을 강탈했다. 미국 정부는 무장한 보안대를 보내 그를 죽이려 했지만, 오히려 그들 모두가 '소피' 스미스의 총에 희생되었다.

스캐그웨이는 위험천만한 곳이었다. 에반젤린 부스가 도착한 날에도 그곳에서 다섯 명이 살해되었다. 그날 밤, 그녀는 유콘 강둑에서 집회를 열고 2만 5,000명의 외로운 남자들에게 설교를 했으며, 그들 모두가 오래전에 그들의 어머니로부터 들었던 노래들 – '예수,

내 영혼의 참사랑', '내 주를 가까이 하게 함은', '즐거운 나의 집' - 을 합창하게 했다.

북극의 밤은 춥고 으스스했다. 그래서 그녀가 노래하는 동안 한 남자가 담요를 가져와 그녀의 몸에 둘러주었다.

이 많은 남자들이 새벽 1시까지 노래를 불렀다. 그 뒤에 부스와 동료들은 숲으로 가 소나무 밑의 땅바닥에서 잠잘 준비를 했다. 그들이 불을 피우고 코코아를 만들고 있을 때 남자 다섯 명이 총을 들고 다가왔다. 말을 주고받을 수 있는 거리에 이르자 우두머리로 보이는 남자가 모자를 벗고 말했다. "난 '소피' 스미스요. 당신의 노래가 참 좋았다는 말을 하려고 온 겁니다. 당신이 노래할 때 담요를 보낸 사람이 바로 나입니다. 원하면 가져도 좋아요." 지금이야 담요가 대단한 선물로 보이지 않겠지만, 추위와 습기로 사람들이 죽어가는 곳에서는 정말 귀하디귀한 물건이었다.

부스는 그에게 자신이 스캐그웨이에 머무는 동안 위험한 상황에 놓이게 될 것인지 물었고, 그는 이렇게 대답했다. "아니요, 내가 여기 있는 동안은 그럴 일이 없습니다. 내가 당신을 보호할 겁니다."

그녀는 한밤의 태양이 비치는 백야에 세 시간 동안 그와 대화했다. 부스가 말했다. "생명의 말씀을 전할 테니 받아들이세요. 당신이 하는 일은 옳지 않아요. 당신은 이길 수 없어요. 저들은 조만간 당신을 죽이게 될 겁니다."

그러면서 부스는 그에게 자신의 어린 시절과 어머니에 관한 이야기를 해주었다. 그러자 '소피'도 어렸을 때 할머니와 구세군 모임에 참석하여 손뼉 치며 노래하곤 했었다고 회상했다. 그리고 할머니가 돌아가실 때 그에게 구세군 집회에서 함께 배운 노래를 불러 달라고 부탁하셨던 일을 털어놓았다.

예수께서 나와 함께하시니
내 마음은 눈보다 더 희네.
내 죄 셀 수 없이 많아도
다 사함 받고 깨끗해졌네.

부스는 그에게 함께 무릎을 꿇자고 청했다. 구세군 여인과 북쪽 지방을 공포에 몰아넣은 가장 악명 높은 악당은 소나무 아래서 함께 무릎을 꿇고 기도하며 울었다. '소피'는 눈물을 줄줄 흘리며 부스에게 이제 더 이상 사람을 죽이지 않고 자수하겠다고 약속했고, 부스는 자신이 정부에 행사할 수 있는 모든 힘을 동원하여 그가 가벼운 형을 받게 하겠다고 약속했다.

새벽 네 시에 그는 그녀를 떠났다.

오전 아홉 시에 '소피'는 부하 한 명을 보내 부스에게 새로 구운 빵과 잼 파이, 그리고 약간의 버터를 선물했다. 그것이 그 지역에서 진미 중의 진미인 것은 두말하면 잔소리다. '소피' 스미스는 사람들을 총으로 위협해서 밀가루와 버터를 훔쳤고, 그날 운수가 사나

워 '소피' 눈에 띈 한 여자에게 사랑과 순결, 용서의 복음을 전하기 위해 알래스카에 온 훌륭한 여성을 위해 특별히 빵과 잼 파이를 만들어달라고 요청했던 것이다.

이틀 뒤, 누군가가 '소피' 스미스를 쏘았고 스캐그웨이에는 그를 죽인 사람을 기리는 기념비가 세워졌다.

에반젤린 부스는 내가 만난 가장 행복한 사람 중 하나였다. 그녀가 행복했던 것은 이웃을 위해 살았기 때문이다. 그녀는 자기 인생의 가장 깊은 열정은 누구를 만나건, 설령 그가 웨이트리스나 짐꾼이라 해도 자신이 만나는 모든 사람을 좀 더 행복하게 살 수 있도록 돕는 것이라고 했다. 그녀 자신도 그와 같이 어려운 삶의 길을 걸어왔기 때문이라고 내게 말했다.

...23 빌리 선데이

수많은 영혼을 구원의 길로 인도한 야구 선수

교회의 강단 위에 섰던 역대의 설교자들 중 가장 인기 있는 인물은 전직 야구 선수이자 알코올 의존자였던 빌리 선데이였다.

미국 전체 인구 3분의 2에 해당하는 8,000만 명의 사람들이 빌리 선데이의 거칠고 투박하지만 죄와 구원에 관한 가슴을 울리는 설교를 듣기 위해 몰려들었다. 그는 35년 동안 악과 대적하면서 백만 명 이상의 영혼을 회개시키고 빛으로 인도했다는 사실을 뿌듯해했다. 또 그는 아마 금주법 시행에 가장 큰 영향력을 행사한 인물일 것이다.

나는 빌리 선데이를 여러 번 보았다. 그는 열정의 화신이었고 인간 발전기였다. 나는 그가 자기 가슴을 쿵쿵 치며 외투와 옷깃과 넥

타이까지 벗어던지고 의자 위로 뛰어올라 한쪽 발을 강단에 대고 선 다음 홈 플레이트로 슬라이딩하는 야구 선수처럼 바닥에 몸을 내던지는 것을 본 적이 있다.

빌리 선데이가 설교할 때는 조는 사람들이 한 명도 없었다. 그의 설교는 서커스 공연만큼 재미있고 즐거웠다. 또 진정 혼신의 힘을 다해 열정적으로 설교를 했기 때문에 항상 트레이너를 데리고 다니면서 하루도 빼놓지 않고 마사지를 받았다.

8주간 피츠버그에서 설교했을 때는 신문들이 그의 집회 소식을 연일 요란한 헤드라인과 함께 보도했다. 도시 전체가 흥분했다. 대형 백화점들은 직원들이 단체로 그의 설교를 듣게 했고, 공장에 다니는 아가씨들도 모두 함께 정오 집회에 참석했다. 어느 날, 경찰관 열 명이 1만 5,000명의 청중들 앞으로 나서서 주님의 충실한 종이 되겠다고 선언했다.

대다수의 복음 전도자들과 달리 빌리 선데이는 대체로 남자들에게 더 호소력 있는 설교를 했다. 그는 이렇게 말하곤 했다. "저는 촌놈 중의 촌놈입니다. 제 몸에는 아직도 헛간 앞마당의 냄새가 배어 있죠. 저는 머리에 거위 기름을 발랐고 난로의 숯검댕으로 구두에 칠을 했습니다. 또 마대 자루로 저의 큰 코를 닦았고 받침접시에 커피를 따라 마시며 칼로 음식을 먹기도 했습니다. 말을 할 때도 문법이나 발음이 모두 엉터리여서 표준어와는 아주 거리가 멀었죠. 천국에 갈 때도 이런 모습으로 갈 거라고 생각합니다."

빌리 선데이는 아이오와 주의 통나무집에서 태어나 고아원에서 자랐다. 열다섯 살 때는 한 학교에서 수위로 일하며 한 달에 25달러를 벌었고, 이 돈으로 교육을 받을 수 있었다. 그는 새벽 두 시에 일어나 열네 개의 난로에 석탄을 넣고 낮 동안에 그 열네 개의 난로에 불이 꺼지지 않게 관리했다. 또한 바닥을 쓸고 닦는 한편 그 일을 모두 마친 후에는 공부를 했다.

그의 첫 번째 정식 직업은 아이오와 주 마셜타운에 있는 한 장의사의 조수 일이었다. 그 일을 계속하는 동시에 그는 야구 선수로서 이름을 알리기 시작했다.

베이스 사이를 비호처럼 빠르게 내달리는 그를 눈여겨본 시카고 화이트 삭스의 감독인 팝 앤슨이 그를 불렀다. 그리고 스물한 살이 되기 전에 그는 빅리그의 인기 선수가 되었다. 그는 이렇게 말했다. "저는 14초 만에 베이스들을 다 돌 수 있었습니다. 그건 누구도 깨지 못한 기록이죠."

장의사 조수를 그만둔 지 5년 후에 그를 술고래 야구 선수에서 존 웨슬리 이래로 가장 매력적인 설교자로 거듭나게 한 계시적 사건이 일어났다. 무슨 일이 있었는지 직접 그의 입을 통해 들어보자.

"1887년의 어느 날, 저는 몇몇 유명 야구 선수들과 함께 시카고의 거리를 걷다가 한 술집으로 들어갔습니다. 일요일 오후였지요. 우리는 진탕 마신 후 밖으로 나와 어느 골목에 앉았습니다. 길 맞은편에서는 한 무리의 남녀가 악기를 연주하고 있더군요. 호른, 플루

트, 슬라이드 트롬본 등이었어요. 다른 사람들은 제가 어렸을 때 어머니가 아이오와의 통나무집에서 불러주시곤 했던 복음성가를 부르고 있었죠. 저는 그 노래를 들으며 계속 흐느껴 울었습니다. 그때 한 청년이 다가와 말했습니다.

'우린 퍼시픽 가든 선교회로 갈 겁니다. 우리와 같이 가지 않으실래요? 틀림없이 좋은 시간이 될 겁니다. 거기서 알코올 의존자들이 어떻게 구원을 받았는지, 홍등가의 아가씨들은 어떻게 구원을 받았는지 들으실 수 있을 겁니다.'

저는 몸을 일으키고는 동료들에게 말했습니다.

'난 이제 야구 안 한다. 예수님에게 가야겠어. 이제 헤어질 때가 된 것 같다.'

그리고 전 그들에게서 등을 돌렸습니다. 그런 저를 보고 친구들은 웃거나 비웃기만 할 뿐 어느 누구도 저를 격려해 주지는 않았습니다."

빌리 선데이는 이렇게 자신의 개심 과정을 설명했다.

그를 의심하고 비웃던 사람들은 그가 단지 돈을 위해 사람들의 종교적 열망을 이용하고 있다고 비난했다. 하지만 사실 그는 야구선수로서 받는 월 500달러의 봉급을 포기하고 월 83달러를 받으며 YMCA에서 일했다. 이나마 여섯 달 동안 받지 못한 적도 있었다.

나는 1917년 뉴욕에 왔을 때의 빌리 선데이를 기억한다. 허드슨의 바빌론이라 불리는 이 도시는 그 이전에도 이후에도 그토록 열광적인 종교적 흥분에 휩싸인 적이 없었다. 그가 온다는 소식은 몇 개월 전에 미리 알려졌고, 적어도 2만 명의 기도자가 모인 기도회가 그의 도착을 준비하기 위해 열렸다.

168번가와 브로드웨이에서는 400명의 노동자들이 2만 명을 수용할 수 있는 성소를 완공하기 위해 열심히 땀을 흘렸고, 그 유명한 톱밥의 길(갱생의 길을 상징-옮긴이)을 만들기 위해 바닥에 화물차 네 대 분량의 톱밥이 뿌려졌다. 성가대만을 위해 의자 2,000개가 연단 위에 놓였고, 자원봉사자 2,000여 명은 700명씩 교대로 일하며 신도들을 자리로 안내했다.

뉴욕에 머무는 동안 빌리 선데이는 125만 명에게 설교했고, 거의 10만 명의 죄인들이 앞으로 나와 참회하며 다시는 악의 길을 걷지 않겠다고 맹세했다.

...24
시어도어 루스벨트

가슴에 총을 맞고도 연설을 계속하다

1919년 1월, 내가 결코 잊지 못할 사건이 일어났다. 그 당시 나는 군복무 중이었고 롱아일랜드의 캠프 업톤에 배치되어 있었다. 어느 날 오후, 일단의 군인들이 언덕 위로 행진해 가더니 총을 공중에 들어 올리고 예포를 발사했다. 루스벨트의 타계를 알리는 총소리였다. 그는 이 나라를 통치했던 대통령 중 가장 화려하고 세인의 시선을 집중시킨 인물이었다. 하지만 안타깝게도 비교적 젊은 나이에 세상을 버렸다.

루스벨트와 관련된 거의 모든 것이 비범하고 예사롭지 않았다. 예컨대, 그는 안경 없이는 3미터 떨어진 곳에 있는 제일 친한 친구도 알아보지 못할 정도로 지독한 근시였음에도 장총 사격 솜씨는 전문가 수준이어서 아프리카에서 돌진해 오는 사자를 쏘아 쓰러뜨리기도 했다. 또 그는 역사상 가장 유명한 맹수 사냥꾼이었지만, 절대 낚시를 한 적도 없고 단 한 번도 새한테 총을 쏜 적이 없었다.

소년 시절의 루스벨트는 얼굴이 창백하고 병약했으며 천식으로 많은 고생을 했다. 그래서 건강을 위해 서부로 가서 카우보이가 되어 별빛을 받으며 잠을 잤고, 미들급 복싱 챔피언 마이크 도노반과 권투를 할 정도로 다부진 체격을 만들었다. 또 남아메리카의 황야를 탐험했고 융프라우와 마터호른 같은 고봉들을 올랐으며, 아메리카-스페인 전쟁 때는 총알받이가 될 위험을 무릅쓰고 용감하게 쿠바에 있는 산후안 언덕을 오른 적도 있었다.

루스벨트는 어렸을 때 소심하고 불안해했으며 상처 입는 것을 두려워했다고 자서전에서 밝히고 있다. 하지만 손목, 팔, 코, 갈비뼈, 그리고 어깨가 부러지는 사고를 당하면서도 그는 계속 모험을 하고 위험을 무릅썼다. 다코타에서 카우보이로 일할 때는 말에서 떨어져 뼈에 금이 가는 사고를 당했지만, 다시 안장 위로 기어올라 소 떼를 몰았다.

루스벨트는 자신이 두려워하는 일과 정면 대결하는 방법으로, 혹은 사실은 무서워 죽을 지경인데도 용감한 척 행동하는 방법으로 담력을 키웠다고 한다. 결국 그는 포효하는 사자나 불을 뿜는 대포도 두려워하지 않을 정도로 대단한 담력의 소유자가 되었다.

1912년 혁신당 캠페인 기간에 연설을 하러 가던 루스벨트는 반쯤 미친 사람이 쏜 총에 가슴을 맞았다. 하지만 루스벨트는 자신이 총에 맞았음을 누구에게도 알리지 않고 그대로 강당으로 가 연설을 시작했고, 피를 너무 많이 흘려 거의 쓰러질 지경이 될 때까지 연설을 계속하다가 결국 병원으로 급히 호송되었다. 백악관에 있을 때는 베개 옆에 연발 권총을 장전해 둔 채 잠을 잤고, 산책을 나갈 때도 언제나 작은 권총을 지니고 다녔다.

대통령으로 재직하는 동안 그는 한 군 장교와 권투를 한 적이 있었다. 그때 이 장교가 루스벨트의 왼쪽 눈을 정면으로 가격하는 바람에 혈관이 터졌고, 이로 인해 시력이 영구적으로 손상되었다. 그러나 루스벨트는 그 젊은 친구가 무슨 짓을 저질렀는지 알게 하고 싶지 않았다. 그래서 그 장교가 대통령에게 다시 권투를 하자고 청했을 때 거절하자 그 장교는 이제 대통령이 권투를 하기에는 너무 나이가 든 모양이라고 생각했다. 수년 뒤, 루스벨트는 그 눈의 시력을 완전히 잃었지만 그 장교가 그 사실을 절대 모르게 했다.

루스벨트는 오이스터 만에 있는 자신의 영지에서 사용되는 모든 장작을 직접 팼고, 들에서 농장 일꾼들과 함께 건초를 만들었으며, 자신의 정원사에게는 다른 일꾼들에게 지불하는 것과 똑같은 보수를 지급해 달라고 요구했다.

그는 절대 담배도 피우지 않았고 욕도 하지 않았다. 술을 입에 대는 경우는 드물지만 밤에 밀크셰이크에 찻숟가락으로 하나 정도의 브랜디를 타서 마시는 것이 전부였다. 그나마 시중드는 사람이 말해 주지 않으면 밀크셰이크에 브랜디가 들어 있는지조차 몰랐다.

하지만 툭하면 술고래라는 비난을 듣는 바람에 결국은 명예훼손 소송까지 걸어 근거 없는 비방에 재갈을 물려야 했다.

백악관에 있을 때 루스벨트는 비록 바쁜 중에도 짬을 내어 수많은 책을 읽었다. 그리고 종종 오전 시간 내내 일련의 5분 인터뷰들이 이어지곤 했는데, 이때도 옆에 책을 두고 손님들이 바뀌는 사이의 그 짧은 틈을 이용하여 독서를 했다.

여행 중일 때는 대개 셰익스피어와 보비 번즈의 포켓판을 챙겨갔고, 다코타에서 소 떼를 몰 당시에는 한들거리는 모닥불 옆에 앉아 한 카우보이에게 《햄릿》 전편을 큰 소리로 읽어주었다. 브라질의 밀림을 여행할 때는 저녁마다 기번의 《로마제국 흥망사》를 읽었다.

루스벨트는 음악을 사랑했지만 그 자신은 음치였다. 혼자 일할 때는 종종 '내 주를 가까이 하게 함은' 이란 찬송가를 부르곤 했다. 서부의 어느 도시를 지날 때는 환호하는 군중들에게 모자를 살짝 들어 답례했고 그 와중에도 계속 그 찬송가를 흥얼거렸다.

루스벨트는 취미가 많았다. 백악관에 있을 때 한 번은 워싱턴의 유명한 신문사 특파원에게 전화를 걸어 당장 대통령 관저로 오게 했다. 대통령의 호출에 흥분한 이 기자는 자신이 어떤 국가 문제에 대해 대통령과 독점 인터뷰를 하게 될 모양이라고 상상했다. 그래서 신문사에 전보를 쳐서 급히 호외를 찍어낼 준비를 하게 했다. 그런데 기자가 백악관에 도착했을 때, 루스벨트는 정치에 대해서는 한 마디도 하지 않고 기자를 백악관 경내에 있던 속이 빈 고목이 있는 곳까지 데려가더니 자신이 발견한 올빼미 둥지를 보여주었다.

한 번은 서부를 통과하는 기차 여행 중에 루스벨트가 자신의 전용 객차에서 각료들에게 이야기를 하고 있었다. 그때 갑자기 그의 눈에 기찻길 옆에 있는 옥수수밭에서 모자를 벗고 서 있는 농부의 모습이 잡혔다. 루스벨트는 그 농부가 미국 대통령에게 경의를 표하고 있는 것임을 알아보았다. 그래서 그는 냉상 뛰어 일어나 뒤쪽 승강구로 달려가서는 열렬하게 자기 모자를 흔들어주었다. 그것은 정치적 쇼가 아니었다. 그가 그렇게 한 것은 마음 깊이 사람들을 좋아했기 때문이다.

이승에서의 마지막 해에 루스벨트는 건강이 약화되기 시작했다. 겨우 예순 살밖에 되지 않았지만, 그는 몇 번이나 자신이 늙어가고 있다고 말했다. 그는 한 고령의 친구에게 보낸 편지에서 이렇게 말했다. “자네와 나는 죽음의 사정권 안에 있네. 어느 때든 어둠 속으로 추락할 수 있지.”

1919년 1월 4일, 루스벨트는 잠자는 중에 평화롭게 세상과 이별했다. 그가 이승에서 한 마지막 말은 “불 좀 꺼주게나.”였다고 한다.

...25

우드로 윌슨

역사상 가장 큰 기회 하나를 앞에 두고
사람을 다루지 못해 실패하다

진짜 우드로 윌슨은 어떤 사람이었을까? 그는 최고의 천재이면서 또 위대한 실패자라는 평가를 받았다. 그는 국제연맹을 통해 세계평화의 비전을 보았고 그 비전의 제단에 자신이 지닌 모든 힘과 열정을 바쳤지만, 결국 자신의 이상에 의해 산산이 부서지자 결국 그도 생을 마감하고 말았다.

1919년, 우드로 윌슨이 유럽을 찾았을 때 그는 시대의 구원자라 불렸고, 피 흘리던 유럽은 그를 신으로 묘사했다. 굶주린 농부들은 그의 초상화 앞에 촛불을 밝히고 마치 그가 성인이라도 되는 양 그에게 기도를 드렸다. 온 세상이 그의 발아래 있었다. 하지만 3개월 뒤 조국에 돌아왔을 때, 그는 병들고 상처투성이였으며 많은 친구를 잃고 무수한 적들이 생겼다.

역사는 우드로 윌슨을 냉정하고 위엄 있었으나 인간적 따스함이 결여된 이상주의적인 학교 교사로 평가한다. 그러나 진실은 그와는 거의 정반대다. 윌슨은 굉장히 인간적이었고 인간관계를 갈망했다. 슬프고 안타까운 것은 그 자신의 내향적 성격 때문에 남들의 눈에 냉담하고 가까이 하기 어려운 사람으로 인식되었다는 것이다. 그는 "내가 달라질 수 있다면 세상의 어떤 대가도 치르겠는데, 도대체 나 자신을 바꿀 수가 없다."며 한탄했다.

때로 그는 긴장을 풀고 쾌활한 모습을 보여주기도 했다. 웨슬리언 대학의 교수로 재직하던 어느 날, 그는 관람석에서 뛰어 내려와 축구 경기의 응원을 주도했다. 그리고 버뮤다에 있을 때는 흑인 뱃사공들과 수다를 떠는 소박한 즐거움을 위해 배를 타러 가기도 했다.

우드로 윌슨은 아마 백악관에 살았던 인물들 중에서 가장 학구적이었을 것이다. 하지만 이런 그도 열한 살이 되어서야 글을 깨쳤다. 그가 휴식을 위해 즐겨 읽는 책은 탐정소설이었다.

윌슨은 예술에는 별 관심이 없었다. 그는 종종 휘슬러의 동판화보다는 구멍가게에서 살 수 있는 다색 석판으로 인쇄한 그림을 갖겠다고 말하곤 했다. 또 세속으로부터 격리된 학문적 환경에서 평생을 보낸 지식인 교수였지만, 자기는 셰익스피어의 연극을 보느니 차라리 뮤지컬 코미디를 보겠다고 솔직하게 말했다. 극장에 가는 것도 교양을 갖추기 위해서가 아니라, 즐기기 위해서라고 했다. 백악관에 있을 때는 거의 매주 버라이어티 쇼를 보러 갔다.

윌슨은 인생 대부분을 가난하게 살았다. 교사 시절 그의 봉급은 너무 적어 아내가 그림을 그려 팔아 가족을 부양하는데 힘을 보태야 했다. 또 젊은 교수 시절에는 좋은 옷을 살 여유가 없었고, 인생 후반에는 링컨처럼 자신의 외모에 거의 신경 쓰지 않았다. 가령, 대통령으로 재직할 때 시중드는 사람이 그의 오래된 예복을 양복점에 보내 옷깃을 새틴으로 새롭게 바꿀 것을 권하자 윌슨은 이렇게 말했다. "아니. 그냥 두게. 아직 1년은 더 입을 만해."

링컨처럼 윌슨도 음식에 무관심했다. 자기 앞에 차려진 것이면 무엇이든 먹었으며, 종종 자신이 무엇을 먹고 있는지 의식하지도 못하는 것처럼 보였다. 또 그는 평생 시가를 딱 한 대만 피웠다. 오히려 그 하나마저 제대로 피우지 못했다고 해야 할 것이다. 다 피우기도 전에 메스꺼움을 느꼈기 때문이다.

그의 유일한 사치는 멋진 책을 사는 것이었다. 우드로 윌슨의 싸늘하고 냉랭한 겉모습 이면에는 급하고 격한 감정을 지닌 인격이 숨어 있었다. 그를 아는 사람들은 그가 시어도어 루스벨트보다 더 격정적인 성정을 지녔다고 말했다.

그는 첫 번째 아내에게 지극한 사랑과 연민의 마음을 보여주었다. 그가 대통령이 된 후 제일 먼저 한 일 중 하나는 아내에게 담비 모피 한 벌을 사준 것이었다. 1년 뒤 아내가 세상을 떠났을 때 그는 72시간 동안 그녀의 시신이 백악관을 떠나지 못하게 하고, 아내의 몸을 소파 위에 눕혀 놓고 사흘 낮밤 동안 그 곁을 떠나지 않았다.

윌슨은 지적인 거인으로 간주되었지만, 말솜씨는 별로 좋지 못했다. 또 세계의 위대한 문학작품에도 비교적 문외한이었으며 과학에 무관심했고 철학에도 거의 관심을 보이지 않았다. 그는 변호사로 사회에 첫발을 내디뎠지만, 그 분야에서는 비참하게 실패했다. 평생 스스로 소송을 일으킨 적이 없었고, 그가 재산을 관리해 준 유일한 고객은 바로 그의 어머니였다.

아마 윌슨의 가장 큰 성격상의 결함은 요령 부족이었을 것이다. 그가 소년 시절부터 계속 간직해 온 평생의 야망은 정치인이 되는 것이었다. 그래서 자기 방에서 한 번에 몇 시간 동안 연설 연습을 하기도 했다. 더 완벽해지기 위해 그는 쓸데없는 일들을 하기도 했는데, 이를테면 제스처를 적절히 취하는 법을 적어놓은 차트를 벽에다 붙여놓은 것이 그런 것이다.

그러나 무엇보다 윌슨은 가장 중요한 것을 소홀히 하는 실수를 저질렀다. 그것은 사람 다루는 법을 배우지 않은 것이다. 그의 인생 말년에는 여기저기서 우정이 깨지는 소리가 들렸다. 그는 상원의 지도자들과 다퉜고 하우스 대령과 같은 가장 절친한 벗들과 관계를 단절했다. 결국 윌슨은 국민들에게 민주당 사람들만 선출해 달라고 요구함으로써 민심 이반을 자초했다.

상원이 국제연맹의 수용을 거부하자 윌슨은 국민들에게 직접 호소했다. 윌슨은 늘 병약했기에 의사들은 그에게 더 이상 스트레스를 받으면 안 된다고 경고했지만, 그는 그들의 충고를 무시했다. 말한 마디로 세상을 뒤흔들었던 이 지적인 천재는 대통령 재임 마지막 해에 누군가의 도움 없이는 자기 이름을 서명하지도 못할 정도로 많이 망가지고 쇠약해졌다.

그가 퇴임한 후에 전 세계에서 사람들이 마치 성지 순례하듯 워싱턴의 S가에 있는 그의 집을 찾았다. 그가 임종을 맞이하려 할 때, 순례자들은 그의 집 앞 도로 위에 무릎을 꿇고 그의 영혼을 위해 기도를 드렸다.

...26
잭 런던

고등학교를 3개월 만에 마치고
18년 동안 쉰한 권의 책을 써낸 '터프 가이'

약 50여 년 전에 한 부랑자가 버펄로 행 화물열차에 무임승차했고 객차마다 돌아다니며 먹을 것을 구걸하기 시작했다. 경찰은 그를 부랑죄로 체포했고, 판사는 교도소에서 30일간 노역하라는 선고를 내렸다. 30일간 그는 바위 깨는 일을 했지만, 먹을 것이라곤 빵과 물이 전부였다.

그러나 6년 뒤에-겨우 6년 뒤다.-이곳저곳을 떠돌며 비렁뱅이 짓을 하던 이 부랑자는 서부 해안 지역에서 가장 인기 있는 인물이 되었다. 캘리포니아 사교계의 최고 명사들이 그를 환대했고, 소설가와 비평가와 편집인들은 그를 문학계의 가장 빛나는 별의 하나라며 칭송했다.

그는 열아홉 살이 되어서야 고등학교에 다녔고 마흔에 사망했지만, 쉰한 권이나 되는 책을 남겼다. 그가 바로 《황야의 부름 *The Call of the Wild*》을 쓴 잭 런던이다.

1903년에 이 책을 써낸 잭 런던은 하룻밤 새에 유명해졌다. 편집자들은 그의 작품을 얻으려 안달했다. 그러나 그는 첫 번째로 크게 흥행한 작품으로는 거의 돈을 벌지 못했다. 출판업자들 – 나중에는 할리우드의 영화 제작자들 – 은 그 작품을 통해 백만 달러를 벌었지만, 잭 런던 자신은 《황야의 부름》에 대한 모든 권리를 겨우 2,000달러를 받고 팔아넘겼던 것이다.

책을 쓰고 싶은 사람이 갖춰야 할 제일 중요한 조건은 글의 소재를 찾는 것이다. 이것이 잭 런던이 놀라운 성공을 거둔 비결 중 하나였다. 그는 다채로운 무수한 경험을 자신의 짧고 뜨거웠던 삶 속에 채워 넣었다. 그는 평선원이었고 부두 노동자였으며 진주조개 해적이었고 금을 캐는 광부였다. 또 머나먼 북쪽 지방에서 바다표범을 사냥했으며, 지구의 절반을 떠돌이로 유랑했고 떠돌이로서의 자신의 경험을 토대로 책을 썼다.

그는 자주 배를 곯았고 공원 벤치나 건초더미나 화물차에서 잠을 잤다. 또 딱딱한 땅바닥에서 자는 경우도 많았으며, 어떤 때는 깨어나 보니 물이 괴어 있는 곳에 누워 있던 적도 있었다. 때로는 너무 지쳐 화물열차에 숨어 무임승차하다가 잠이 들기도 했다. 그는 이곳 미국에서만 수백 번 체포되어 감옥에 던져졌고 그 외에 멕시코, 만주, 일본, 그리고 한국의 감옥을 들락거리기도 했다.

잭 런던의 어린 시절은 가난과 역경으로 점철되었다. 그는 샌프란시스코 만의 부둣가를 배회하는 불량배 무리와 어울리며 거칠게 설쳐댔다. 학교는 안 다녔느냐고? 그는 학교를 비웃었고 시쳇말로 땡땡이를 치며 수업을 대부분 빼먹었다. 그러던 어느 날, 우연히 공공도서관으로 굴러들었다가 《로빈슨 크루소》를 읽기 시작했다. 그리고 그 책에 매료되었다. 배가 고팠음에도 저녁을 먹으러 집에 가는 것도 잊을 정도였다. 다음 날에도 그는 도서관으로 달려가 다른 책들을 파고들었다. 그의 앞에 새로운 세계가 펼쳐지고 있었다. 그것은 《아라비안나이트》의 바그다드만큼이나 신비롭고 화려한 세계였다.

그때부터 잭 런던은 책에 대한 지칠 줄 모르는 열정을 느끼며, 종종 하루에 열 시간에서 열다섯 시간 동안 책에 파묻혀 지냈다. 그는 닉 카터에서 셰익스피어, 허버트 스펜서, 칼 마르크스에 이르는 모든 저자들을 게걸스럽게 탐독했다.

열아홉 살이 되었을 때, 그는 자신의 근육 대신 두뇌를 팔기로 결심했다. 부랑자 생활도, 경찰관에게 매 맞는 일도, 열차 제동수의 손전등에 머리를 얻어맞는 일에도 싫증이 났다. 그래서 열아홉 살에 캘리포니아 주 오클랜드에 있는 고등학교에 입학하여 거의 잠을 자지 않고 밤낮으로 공부했고 결국은 놀라운 일을 해냈다. 그는 사실 4년간 해야 할 공부를 3개월로 압축했고 시험에 통과하여 캘리포니아 대학에 입학하는 기염을 토했다.

위대한 작가가 되겠다는 야망에 불타오른 잭 런던은 《보물섬》, 《몬테크리스토 백작》, 《두 도시 이야기》 등을 깊이 연구한 후 열정적으로 써내려갔다. 하루에 5,000단어를 썼는데, 이는 20일 만에 장편소설 한 권을 썼다는 의미다. 때로는 서른 개의 단편소설을 편집자들에게 넘긴 적도 있지만 모두 반송되었다. 그러면서 그는 자기 일을 배우는 중이었다.

그런데 어느 날 《일본 근해의 태풍》이라는 그의 단편소설 하나가 〈샌프란시스코 콜〉 신문사가 주최한 공모전에서 1등상을 받았다. 그럼에도 이 소설로 그가 받은 돈은 고작 20달러였다. 그는 방세도 낼 수 없을 정도로 주머니가 궁했다.

1896년은 극적인 사건과 흥분으로 들끓던 해였다. 클론다이크에서는 금이 발견되었고, 전신선은 이 놀라운 소식을 대륙 전역에 실어 날라 온 나라를 전율하게 했다.

노동자들은 자신의 일터를 떠났고 군인들은 탈영했으며 농부들은 땅을 버리고 상인들은 자신의 가게 문에 자물쇠를 채웠다. 금을 캐러 나선 사람들의 대이동이 시작된 것이다. 무수한 인간들이 메뚜기 떼처럼 황금의 땅을 향해 북으로, 북으로 몰려갔다.

그리고 잭 런던도 그들 중에 있었다. 그는 황금을 찾아 클론다이크에서 열광과 흥분의 1년을 보내며 엄청난 고초를 견뎌냈다. 계란 한 개 값이 25센트였고 버터 1파운드는 3달러에 팔렸다. 그는 영하 23도의 기온에 땅바닥에서 잠을 자며 온갖 고초를 겪었지만, 결국 주머니에 땡전 한 푼 없이 본국으로 돌아왔다.

잭 런던은 무슨 일이든 닥치는 대로 했다. 식당에서 접시를 닦았고 바닥을 북북 문질러 닦았으며, 부두와 공장에서 일했다.

그러던 어느 날, 그는 수중에 달랑 2달러밖에 없는 상태에서 육체노동과는 영원히 작별하고 모든 시간을 문학에 쏟아붓기로 결심했다. 그때가 1898년이었다. 그리고 5년 뒤인 1903년에 장편소설 여섯 권과 단편소설 125편을 출판했고, 미국 문학사에서 가장 많이 인구에 회자되는 인물 중 하나가 되었다.

잭 런던은 1916년에 죽었다. 본격적으로 글을 쓰기 시작한 지 겨우 18년 뒤였고, 이 시기 동안 무수한 단편소설 외에도 1년 평균 세 권의 장편소설을 써냈다. 그의 연 수입은 미국 대통령의 두 배였다. 그의 책들은 지금도 굉장한 인기를 누리고 있으며, 유럽에서 잭 런던은 가장 널리 읽히는 미국 작가에 속한다.

원고료 겨우 2,000달러밖에 받지 못한 《황야의 부름》은 10여 개 언어로 번역되었고, 150만 부 이상이 팔렸으며 미국 문학 역사상 가장 인기 있는 소설의 하나로 자리매김했다.

…27
칙 세일

한 단어당 49.49달러를 받은 놀라운 작품을 남기고도
괜히 썼다며 후회하다

한 단어당 49.49달러를 벌어들인 책을 쓴 작가는 세계 역사상 딱 한 사람밖에 없다. 그는 바로 칙 세일이며, 그 책의 제목은 《스페셜리스트》이다.

《스페셜리스트》는 칙 세일의 첫 번째 작품이다. 그는 이 책의 가치를 별로 신뢰하지 못해 처음에는 2,000부만 인쇄했고, 이를 판매하는데 6주가 걸렸다. 그런데 갑자기 책의 인기에 탄력이 붙더니 그 열풍이 소나무 숲을 집어삼키는 불길처럼 전국을 휩쓸었다. 그래서 결국에는 펄 벅의 《대지》보다 더 많이 팔리는 기염을 토했다.

여러분은 아마 《대지》보다 더 많이 팔린 책을 썼으니 작가는 그 책에 대한 자부심이 아주 대단했을 거라고 생각할 것이다. 하지만 칙 세일은 《스페셜리스트》 쓴 것을 후회했다. 그 이유는 그 책의 유

머가 많은 사람들의 오해를 받았기 때문이었다.

한편 그는 그 책의 성공에 자부심을 느끼면서도 사람들이 자기 앞에서 그 책을 이야기할 때 당혹스러워했고, 누구든 그 책에 대해서는 아무 말도 하지 않기를 바랐다. 특히 말하는 사람이 그 책의 유머가 저속하다고 생각할 경우에 더욱 그랬다. 실제로 그의 딸은 그 책이 가족의 명예에 먹칠을 했다고 여겨 울었던 적도 있다.

칙 세일이 작가가 된 것은 어느 정도 우연한 계기에서 비롯되었다. 사실 그는 배우였고 그것도 일류급 성격파 배우였다. 그가 배우가 된 것도 다소 우연이 작용했는데, 원래 그는 일리노이 주 어배너 시에 있는 철도공장에서 기계공으로 일했다. 한편 그의 누나는 배우가 되겠다는 생각으로 시카고의 한 연극학교에서 공부했다. 크리스마스 휴가를 맞아 집에 온 누나는 교회에서 올린 연극에서 시골 사람을 연기했다.

누나의 공연이 끝난 후에 칙이 말했다. "그 정도는 연극학교에 안 다니고도 할 수 있겠다." 이에 누나가 한 번 해보라고 하자 그는 무대 한가운데로 걸어 나가 어배너의 전신 기사를 흉내 냈다. 칙의 연기를 지켜본 동네 사람들은 의자에서 거의 굴러 떨어질 정도로 배꼽을 잡고 웃었다.

그 다음 주에 한 극단이 공연을 위해 어배너에 왔다. 그중에는 코미디언이 있었는데, 그는 막간에 등장해 청중을 웃기려 했지만 별로 신통치 않았다. 칙 세일은 이 이야기를 듣고는 자기가 한 번 해

보겠다고 나섰다. 극단 매니저는 회의적이었지만, 칙은 그에게 시범을 보였고 매니저는 일주일간 칙을 채용하고 그에게 10달러를 지급했다. 그리고 그것은 칙의 인생을 완전히 바꿔놓았다.

무대 위의 각광! 연기의 매력! 500명 관중의 웃음! 관중들의 환호! 통나무를 끄는 사슬과 힘이 세기로 유명한 미주리 주의 노새들을 다 동원한다 해도 이미 무대 맛을 본 그를 철도공장 기계공으로 다시 끌고 갈 수는 없었을 것이다. 칙은 낡은 망원경 가방에 짐을 꾸리고 시카고로 달려가 극장에서 일자리를 구한 후 싸구려 하숙집으로 가서 연기 연습을 시작했다. 그는 수염을 붙이면 좀 더 늙어 보일 것으로 생각했지만, 그것을 어디서 사야 할지 몰랐다. 그래서 자신의 매트리스 속에 든 말의 털을 약간 꺼내 직접 수염을 만들었다. 그리고 8개월간 무대에서 이 매트리스 수염을 이용하다가 그 뒤에 극장용 화장품 판매상에게 진짜 수염을 구입했다.

칙이 받는 봉급은 매우 적었고, 한 푼 한 푼이 소중했다. 그래서 과식을 피하기 위해 값싼 캔디를 사서는 저녁 식사 전에 조금씩 먹었다. 이렇게 하면 대체로 식욕이 억제되었다. 그러다가 무엇 때문인지 그의 위에 탈이 났다. 아마 싸구려 캔디 탓이었는지도 모른다. 어쨌든 그는 수술비로 수천 달러를 썼고, 호텔에서 요리한 음식을 먹을 수 없게 되어 어디를 가든 요리사를 데리고 다녔다.

또 칙은 서류 캐비닛처럼 쓰이는 철제 트렁크를 가지고 다녔는데, 그 안에는 수많은 코미디 자료가 들어 있었다. 그는 세계에서 가장 많은 코미디 소재를 가지고 있었음에도 사적인 대화에서는 절대 우스운 이야기를 하지 않았다. 또 브로드웨이에서 뮤지컬 코미디 여섯 편에 출연했지만 노래를 하거나 춤을 추지는 못했으며, 미국에서 '호른 연주자'로 가장 유명했음에도 정작 호른을 연주하지는 못했다. 그리고 파리가 배경인 쇼에서 호른을 연주하여 5만 달러를 벌었지만 실제로 파리에 가본 적은 없었다.

칙은 16년간 똑같은 신발을 신고 무대에 올랐다. 그것은 그가 노인 역할을 할 때 신었던 신발이었는데, 그것이 행운을 가져다준다고 믿었다. 그래서 그 신발을 계속 수선해 신었고 다른 신발을 신지 않으려 했다.

버라이어티 쇼에서 공연하는 동안 칙 세일은 몬태나 주 미줄러 출신의 소녀와 사랑에 빠졌다. 달빛과 꽃이 핀 재스민의 분위기가 감도는 매혹적인 여성이었다. 극장에서 수많은 관객을 마주할 때는 조금도 두려움을 모르던 그가 막상 청혼할 때는 말을 더듬고 얼굴이 붉어지며 부끄러운 기분을 느꼈다. 그래서 몸이 좋지 않다고 말하고는 황급히 그 자리를 떠나 호텔방으로 갔다. 호텔방에 도착한 후 칙은 그녀에게 전화로 청혼했다. 그녀는 청혼을 받아들여 둘은 결혼했고 네 명의 자녀를 두었다.

《스페셜리스트》를 통해 큰돈을 번 후 칙 세일은 《영화를 망친 옥수수 탈곡기》라는 책을 한 권 더 썼다. 그러나 이 책으로는 인쇄비도 건지지 못했다.

...28
프랜시스 예이츠 브라운

영화가 말해 주지 않은 벵골 창기병의 삶

어느 날 오후, 체구가 호리호리하고 표정이 진지해 보이는 예이츠 브라운이라는 젊은 영국인이 포레스트 힐스에 있는 우리 집을 찾아왔다. 그는 벽난로 앞에 앉아 동양의 신비롭고 전설적인 땅에서 자신이 겪은 모험담을 들려주며 몇 시간 동안 나의 넋을 빼놓았다. 그때 그는 서른아홉 살이었다. 예이츠 브라운은 열아홉 살 이후로 많은 전쟁터를 전전하며 죽음을 목격했다.

그는 바그다드와 콘스탄티노플에서는 전쟁 포로였고, 메소포타미아의 타는 듯이 뜨거운 사막의 모래 위에서는 터키인들과 싸웠으며, 플랑드르의 진흙 벌판에서는 독일군과 치고받았다. 그는《피로 얼룩진 시간들 *The Bloody Years*》이라는 책을 쓰기도 했지만, 나는 그가 아라비아의 로렌스처럼 싸움보다는 시와 철학에 더 관심 있는 조용하고 부드러운 목소리의 영국 신사임을 알게 되었다.

예이츠 브라운은 20년의 군 생활 동안 벌어놓은 돈이 거의 없었다. 또 자신의 앞날이 어떻게 펼쳐질지 몰랐지만 크게 걱정하지 않는 듯했다. 동양에 있을 때 그는 거기서 평정의 철학을 배웠다. 또 신비주의와 요가에 심취했고 성자들 밑에서 공부했으며 베단타 철학의 신비를 탐구했다.

예이츠 브라운은 대부분의 사람들처럼 하나의 삶에 만족하지 않고, 39년 동안 다양한 삶을 살았다. 그가 그날 오후 내게 전해 준 많은 이야기들이 포함된 자신의 모험적 인생 이야기를 책으로 펴낼 때, 그 제목을 《벵골 창기병의 삶 *The Lives of a Bengal Lancer*》이라 붙였다. 1930년에 출판된 그 책은 센세이션을 불러일으키며 굉장한 성공을 거두었으며, 할리우드에서 나온 가장 흡인력 강한 영화의 모태가 되었다. 그러나 전기에 기초한 대다수 할리우드 영화들처럼 그것은 예이츠 브라운의 실제 삶과는 아주 많이 동떨어진 내용이었다.

프랜시스 예이츠 브라운은 겨우 열아홉 살 때 처음으로 왕립 벵골 창기병이 입는 청색과 황금색의 멋진 제복을 입고 역시 청색과 황금색의 터번을 둘렀다. 이 부대는 곳곳에 산재한 영국 국왕 폐하의 모든 영토에서 가장 당당하고 위엄 있는 기병대였다. 이 벵골 창기병들은 정선된 엘리트 병사들로 구성된 정예연대였다. 그들의 봉급은 거의 없다시피 했는데, 한 달에 고작 10달러 정도였다. 그리고 그들은 자신의 말과 장비를 직접 마련해야 했다. 그러니 이 용감한 영국의 아들들은 돈을 벌기 위해 인도에 간 것이 아니었다. 그들은 키치너, 차이니즈 고든, 프랜시스 드레이크 경, 월터 롤리 경 등이 품었던 기백에 고취되어 명예를 위해 그곳에 갔다.

창기병들은 매일 새벽 다섯 시에 일어나 떠오른 해에 총신이 뜨겁게 달궈져 더 이상 들고 있을 수 없을 때까지 훈련했다. 그리고 그늘 밑의 온도가 섭씨 37도가 넘는 살인적인 무더위 속에서도 폴로 경기장에서 말을 타고 이리저리 내달리며 공놀이를 하는 것이 그들의 오락이고 기분 전환이었다. 그들은 일사병에 쓰러지고 말라리아에 시달렸다.

그러나 예이츠 브라운이 말하기를 인도 전역에서 가장 위험하고 흥미진진한 스포츠는 이른바 '돼지 찌르기' 라고 했다. 사실 그것은 가시나무 숲을 질주하며 끝에 창을 박아 넣은 대나무 막대기만을 가지고 거칠고 돌이 많은 땅에서 멧돼지를 사냥하는 일이었다.

세상에서 상처 입은 멧돼지만큼 광포한 동물은 없다. 분노로 털을 곤두세운 150킬로그램의 몸뚱이는 여우처럼 교활하고 사자처럼 용감하며 가장 빠른 기병대의 말만큼이나 날래고 민첩하다. 녀석의 송곳처럼 날카로운 엄니의 사정권 안에 든다는 것은 곧 빠르고 확실한 죽음을 의미한다.

나는 예이츠 브라운에게 그가 경험한 가장 아슬아슬했던 치명적

위기의 순간을 말해 달라고 했고, 그는 '돼지 찌르기'를 하던 어느 날의 사건을 들려주었다. 그때 그와 동료들은 가시나무 숲에서 큰 멧돼지를 몰았다. 광포한 멧돼지는 들판을 가르며 질주했고, 엄청나게 큰 엄니는 햇빛을 받아 번쩍였다.

폴로 경기용 조랑말 위에 올라탄 예이츠 브라운은 맹렬하게 추격했다. 그가 창을 멧돼지의 몸에 찔러 넣었을 때 그가 탄 말이 비틀거리며 넘어졌다. 말과 멧돼지와 예이츠 브라운이 함께 나뒹굴면서 사람의 다리와 짐승의 앞발이 서로 얽히는 바람에 비명을 지르며 울부짖었다. 예이츠 브라운은 발버둥 치는 말 아래서 옴짝달싹 못했고, 창에 찔린 멧돼지는 일어나려 버둥거렸다. 말이 몸을 추스르고 돼지도 자세를 바로잡자 예이츠 브라운은 벌떡 일어나 가장 가까이 있는 나무로 달려갔다. 그리고 거기서 구조대가 올 때까지 기다렸다. 그는 이 하나가 부러지고 엄지손가락이 삐었으며 온 몸이 멍들고 만신창이가 되었다. 멧돼지는 그가 입힌 부상으로 결국 죽었다. 이 사건에서 지극히 흡족해한 것은 말뿐이었다. 녀석은 동양적인 여유와 평정심으로 느긋하게 소요하며 풀을 뜯었다.

그러나 예이츠 브라운의 흥미진진한 인생에서 가장 기이하고 특별한 에피소드는 그가 여자로 변장한 사건이었을 것이다. 그는 메소포타미아에서 터키군과 싸웠다. 그때 터키군에게 포로로 잡혔다가 콘스탄티노플의 해충이 우글대는 감옥에서 탈출했지만, 그 도시를 벗어날 수는 없었고 터키 당국은 기를 쓰며 그를 추적했다. 그들은 당연히 영국인 장교를 찾고 있었기 때문에 카페에서 러시아 왕자를 만나곤 했던 독일인 여성 가정교사를 의심하지는 않았다. 러시아 왕자 역시 당국의 감시를 받고 있었지만, 감상적인 터키인들은 사소한 남녀 간의 연애에 간섭할 마음은 없었다.

그래서 그림같이 예쁜 모자를 쓰고 얼굴은 면사포로 가렸으며, 어깨에는 검정색 여우 목도리를 두르고 손에 방한용 토시까지 착용한 독일인 여성 가정교사로 멋지게 변장한 예이츠 브라운이 점잖게 종종걸음으로 카페에 들어왔을 때, 러시아 왕자는 벌떡 일어나 정중하게 머리를 숙이고 여인의 손에 입을 맞추었다. 터키 형사들은 둘 사이를 알겠다는 듯이 서로 웃으며 어깨를 으쓱했다. 어쨌든 당국의 감시를 받던 인물인 러시아 왕자에게도 약간의 로맨스는 허락되었던 것이다.

예이츠 브라운은 마드모아젤 조세핀으로 변장해서는 터키를 빠져나갈 수 없었다. 그래서 다른 역할을 연기하기로 하고는 밤사이에 다시 성과 국적을 바꿔 군수공장에서 실직한 헝가리의 기계공으로 변장했다. 그는 끝을 접어올린 작은 콧수염을 달고 중산모자와 금속 테 안경을 쓰고 얼룩진 흰색 조끼에다 양쪽에 고무천이 달린 신발을 신었다. 사실 그는 이류 코미디언처럼 보였기에, 터키인들은 그가 진짜 코미디언이라고 확신했다.

하지만 예이츠 브라운은 결국 체포되어 재수감되었다. 그럼에도 그는 교도소 정원에서 저녁 식사를 한 그리스 군중의 한 사람인 척

하면서 다시 탈출을 시도했다. 그들이 나갈 때 그도 따라 나갔고 마치 부처님처럼 조용하고 평온하게 길을 걸었다.

나는 그에게 그동안 싸움터에서 목격한 가장 끔찍한 장면은 무엇이었느냐고 물었고, 그는 이런 이야기를 들려주었다. 그가 전쟁 포로였을 당시, 터키군은 그를 포로수용소까지 320킬로미터를 행군하게 했다. 도중에 그는 살아 있는 주민이 단 한 사람도 없는 마을을 지나게 되었다. 터키군이 아르메니아인 마을의 주민을 한 사람도 남김없이 몰살시킨 것이다. 사방이 죽음의 침묵으로 가득했고, 유일하게 살아 있는 생명체는 인적 없는 거리를 슬금슬금 돌아다니는 개 몇 마리와 하늘을 선회하는 대머리수리들뿐이었다.

29
앨 졸슨

한때 10센트가 없어 죽을 운명이었던 소년이
백만 달러 계약서를 찢어버린 배우가 되다

내가 아는 한 백만 달러 가치의 계약서를 찢어버린 배우는 미국에 딱 한 명밖에 없다. 여러분은 영화를 통해 그를 보았고 그가 부른 노래를 불렀으며 그의 농담에 웃었다. 그는 최초의 장편 유성영화를 만들었으며, 할리우드에서 가장 큰 흥행을 거둔 작품을 만들기도 했다. 이 영화는 1,200만 달러의 수익을 올렸는데, 이는 어떤 다른 영화도 넘보지 못한 사상 최고 기록이다. 그 영화는 <노래하는 바보>로, 거기서 주연을 맡은 배우는 흔히 앨 졸슨으로 알려진 아사 요엘슨이다.

졸슨은 주급 3만 1,250달러를 받은 적이 있으며, 그것도 하루도 일하지 않고 6개월 이상 그렇게 벌어들였다. 이것은 그가 아무 일도 하지 않으면서 백만 달러를 챙겼다는 의미다. 분명히 그는 연기할 준비가 되어 있었지만, 그의 고용주인 유나이티드 아티스트는 촬영할 대본이 아직 준비되어 있지 않았다. 그래서 졸슨은 골프나 치면서 미국 대통령의 소득을 속기사의 급료 정도로 보이게 할 만큼의 액수를 받아갔다.

그런데 그는 정말 예상치 못한 관대한 행동으로 할리우드의 냉소적인 어두움에 환한 한 줄기 빛이 일게 했다. 그 시기에 몰아친 대공황의 여파로 졸슨의 평생 친구이자 유나이티드 아티스트의 사장인 조지프 셴크가 재정적으로 큰 손실을 입었다. 계약 조건에 따라 앨 졸슨에게 지급해야 할 돈이 아직도 백만 달러 이상 남아 있는 상황이었다. 그러나 졸슨은 그 계약서를 찢어버리고는 조지프 셴크에게 돌려주며 말했다.

"이따위 건 잊어버리게. 난 자네를 위해 아무것도 하는 일이 없으니까 자네도 더 이상 내게 돈을 줄 필요가 없다네."

찰스 슈왑이 한때 연봉 백만 달러를 보장한 급여 계약서를 찢어버려 월스트리트에서 센세이션을 불러일으킨 적이 있었다. 하지만 한때 가난과 배고픔에 울었던 이 배우는 거의 연봉 200만 달러 가치의 계약서를 찢어버렸다. 아무도 그에게 그렇게 해달라고 부탁하지 않았고, 그가 그렇게 하리라고 예상한 사람도 없었다.

앨 졸슨은 소년 시절 결핵을 앓았다. 그가 치료를 위해 벨뷰 병원의 무료진료소에 갔을 때, 의사들은 그가 당장 시골로 내려가지 않으면 6개월 안에 죽을 거라고 말했다. 그가 받은 처방전은 공짜였고 약도 공짜였다. 하지만 막상 약을 타러 가니 한 병에 10센트를 내야 했다. 그때 그의 수중에는 10센트짜리 동전 하나도 없었기에 그 약을 받지 못했다.

어쨌든 그는 약과 의사 없이도 병에서 회복되었다. 그러나 졸슨은 10센트가 없어서 죽어야 한다는 것이 어떤 기분인지를 결코 잊지 않았다. 그래서 그는 지금도 사라나크 레이크의 애디론댁스에 있는 결핵요양원의 가난한 환자들이 무료로 병상을 사용할 수 있도록 1년에 2만 달러를 후원한다. 그는 이 일을 11년 동안 해왔지만, 자신이 생명을 구해 준 사람들을 만나본 적은 없다.

나는 사람들의 생일을 궁금해할 때가 많다. 그래서 졸슨에게 그의 생일을 물었을 때, 그는 모른다고 대답했다. 그는 러시아의 가난한 부모님 밑에서 태어났다고 한다. 짚을 얹은 지붕에다 바닥이 돌로 되어 있던 작은 오두막에서 처음으로 세상 구경을 했다는 것이다. 해가 바뀐다고 달라질 것 없는 생활이었고, 그의 부모님은 자식의 생일 따위를 챙길 여유가 없는 분들이었다. 그래서 그는 자신이 태어난 해가 1885년인지 1886년인지, 아니면 1888년인지 전혀 알 수 없었다. 그러나 그가 유명해진 후에 친구들이 생일 선물을 주고 싶어 했기 때문에 졸슨은 자기 생일을 정해야 했다. 가을에 태어나는 것은 별로 좋은 일이 아님을 알고 있었다. 배우들은 항상 시즌 초에 빈털터리가 되기 때문이다. 그러나 그들은 대개 봄에 새로운 의욕과 여유를 느낀다. 그리고 5월은 아름답고 따뜻한 달이기에 그는 자신의 생일을 1888년 5월 26일로 정했다. 날짜가 정확하지 않다는 점은 그도 인정하지만, 거기서 크게 벗어나지는 않았다. 4년이나 5년 이상 차이가 나지는 않을 것이다.

졸슨은 어린아이였을 때 처음으로 무대에 섰다. <빈민굴의 아이들>이란 연극에서 작은 역할을 맡았는데, 그가 해야 할 대사는 딱 한 줄이었다. 무대 위로 뛰어나가 "유대인을 죽여라!"라고 외치기만 하면 되었다.

당시 그의 아버지는 주중에는 유대교 율법에 따라 도축하는 도살장에서 소를 도살하는 일을 했고 안식일에는 유대교 회당에서 노래를 불렀다. 그래서 자기 아들이 극장에서 "유대인을 죽여라!"라고 외치는 것을 본 순간, 어린 졸슨이 다시는 무대에 서지 못하게 했다.

뉴욕에 처음 왔을 때 졸슨은 무일푼이었고 워싱턴에서 열차에 몰래 무임승차해야 했다. 그는 너무 순진하고 무지하여 뉴저지 주의 뉴어크(Newark)에 도착했을 때, 그곳이 바로 뉴욕 시라고 생각했다. 그래서 기차에서 내려 그날 밤 저지 메도우즈의 풀숲에서 잠을 자야 했다. 잠에서 깨자 밤사이 모기들의 습격을 받은 그의 다리와 손은 온통 상처투성이로 부어올라 피까지 나고 있었다.

드디어 뉴욕에 당도했을 때는 공원 벤치와 강가에 세워둔 트럭에서 잠을 잤다. 졸슨은 며칠을 쫄쫄 굶었다. 그때 그가 바랄 수 있는 것은 기껏해야 바워리 가의 술집에서 동전 몇 개를 적선 받는 것이었다.

미국의 무대 연출자 리 슈버트는 대도시에서 자신의 이름값만으로 극장을 가득 채울 수 있는 진정한 배우는 미국에 딱 두 사람밖에 없다고 말한 적이 있다. 하나는 프레드 스톤이고, 다른 하나가 앨 졸슨이었다.

하지만 졸슨은 처음에 윈터 가든 무대에 섰을 때 크게 낙심했다고 내게 말했다. 그것은 긴 공연이었지만 자정 이후까지 공연을 계속하지 못했다. 요란한 박수 소리는커녕 잔잔한 웅성거림도 없었으며, 관객은 전혀 반응을 보이지 않았다. 그날 밤, 공연이 끝난 후 그는 실의에 젖어 흐느적거리며 브로드웨이의 거리를 걸었다. 그는 54번가에 살았지만, 정신이 너무 멍해져 자그마치 46블록이나 떨어진 90번가까지 걷고 나서야 자신이 어디에 있는지를 깨달았다.

그 무렵의 그는 자신의 이름이 언젠가 브로드웨이 상공에서 오로라처럼 번쩍이고 매니저들이 그의 몸값으로 기꺼이 1분에 10달러를 지불하리라는 생각은 전혀 상상도 못 하고 꿈도 꿀 수 없었다.

...30 싱클레어 루이스

신문사 네 곳에서 해고되었다가 훗날 노벨상을 탔지만
그것을 농담이라고 생각한 작가

내가 싱클레어 루이스를 처음 만난 것은 오래전 일이었다. 그때 그와 나 외에 다른 대여섯 명이 롱아일랜드의 프리포트에서 모터보트를 빌린 후 고등어와 민어 낚시를 위해 몇 마일을 이동하곤 했다. 그 당시 나는 뱃멀미를 전혀 안 하던 루이스를 보고 감탄했다. 파도는 배를 들었다 놓으며 들까불어대고 나는 배 바닥으로 나동그라졌지만, 루이스는 똑바로 앉아 그림 속 바다 위의 남자처럼 낚시를 계속했다.

오늘 내가 싱클레어 루이스에게 감탄하는 것은 그의 낚시 기술 때문이 아니라(나도 지금은 갑판에 계속 붙어 있을 수 있다.) 그가 부단히 뛰어난 소설들을 쏟아냈기 때문이다. 만약 그것이 사내가 할 일은 아니라고 생각한다면, 한 번 직접 해보라.

싱클레어 루이스는 1920년에 처음으로 작가적 성공을 거두었다. 그 전까지 여섯 권의 소설을 썼지만, 모두 문학적인 반향을 일으키지는 못했다. 그러다가 일곱 번째 소설 《메인 스트리트》가 토네이도처럼 전국을 휩쓸어버린 것이다. 여성단체는 그 책을 비난하고 설교자들은 성토했으며, 신문들은 그것을 미국인의 삶에 대한 모욕이라 표현했다. 그 책은 미국에서 격렬한 문학적 논쟁을 촉발했으며, 그 파문은 5,000킬로미터 떨어진 유럽에까지 번져나갔다.

이 책을 통해 루이스는 최고의 문학적 스타로 부상했다. 한편 일부 비평가들은 "꽤 훌륭하지만, 그 잘난 척하는 인간은 다시는 그런 행운을 잡을 수 없을 것"이라며 이죽거렸다. 하지만 미네소타주 소크 센터 출신의 이 빨강머리 소년은 일에 착수했고, 그 이후로 여섯 권의 베스트셀러를 단숨에 휘갈겼다. 아니다, 이 말은 틀렸다. 싱클레어 루이스는 자신의 책들을 단숨에 휘갈기지 않는다. 그는 고민하고 또 고민하며 끊임없이 수정하고 다시 쓴다. 그는 자신의 소설 《애로스미스 *Arrowsmith*》를 6만 단어로 요약했는데, 이것은 요약한 내용이 보통 소설 길이의 절반이 넘는다는 의미다. 또 자본과 노동에 관한 소설을 12개월 동안 작업했다가 원고를 쓰레기통에 던져버리기도 했다.

그는 《메인 스트리트》를 각각 세 번에 걸쳐 작업했다. 맨 처음 쓰기 시작한 것은 정확히 완성되기 17년 전이었다. 《메인 스트리트》 이후 베스트셀러 반열에 오른 일련의 책들이 뒤를 이었다. 《배빗》,

《애로스미스》, 《엘머 갠트리》, 《도즈워스》, 《앤 비커즈》, 《그건 여기서 일어날 수 없어》 등이 그것들이다.

나는 싱클레어 루이스에게 그가 자신에 대해 알고 있는 가장 놀라운 사실에 대해 말해 달라고 청한 적이 있다. 그는 잠시 생각하더니 만약 문학을 하지 않았다면 옥스퍼드 대학에서 그리스어나 철학을 가르쳤거나 깊은 숲으로 들어가 벌목꾼들과 살았을 거라고 말했다.

그는 1년 중 6개월을 호화로운 파크 애비뉴에서 보내기를 좋아한다. 그러나 나머지 6개월은 벌링턴에서 남동쪽으로 120킬로미터 거리에 있는 버먼트 산맥의 외딴 곳에서 생활한다. 그는 그곳에 사탕단풍나무로 뒤덮인 340에이커의 농장이 있어 직접 메이플 시럽을 만들고 채소를 키운다. 그리고 시내에는 머리를 깎을 때만 나간다.

내가 "유명해지시니 기분이 어떻습니까?"라고 물으니 루이스가 "아, 그거 아주 귀찮아요."라고 대답했다. 그는 만약 자기에게 오는 우편물에 전부 답장을 하면 결코 책을 쓸 수 없을 뿐만 아니라, 잠잘 시간도 없을 거라고 말했다. 그래서 그는 편지 대부분을 그냥 난로에 던져 넣고 그것들이 타는 것을 지켜본다. 그리고 루이스는 사인을 받으러 오는 사람들을 싫어하며 좀처럼 공적인 만찬회에 나가지 않고 문학적인 모임을 피한다.

내가 그가 겪은 초창기의 어려움에 대한 이야기를 꺼내자 그는 이렇게 말했다. "툭하면 자신의 초창기 어려움 운운하는 작가들을 보면 참 답답합니다. 대다수 미국 작가들의 문제는 충분히 고생하지 않는다는 것이죠. 처음에 시작할 때 그들이 의사나 변호사보다 특별히 더 고생하는 건 아닙니다. 그럼에도 그들은 자신의 어려움을 더 강조하며 자기들이 얼마나 힘든 시절을 보냈는지 즐겨 입에 올립니다."

나는 그에게 그가 오랫동안 아침 식사 두 시간 전에 일어나 주방에서 커피를 끓이고 식탁에서 글을 쓰곤 했다는 사실을 다시 한 번 언급했다. 또 나는 그가 한때 150달러를 빌렸고 직접 요리와 설거지를 하며 6개월간 밤낮으로 작품을 썼지만 그 시기에 그가 판 것이라곤 2달러짜리 농담 하나뿐이었다는 사실을 상기시켰다. 그러나 루이스는 그것은 고생이라고 할 만한 것이 아니었다고 말했다. 그는 단지 자기 일을 배우는 중이었으며, 자기 인생에서 그때보다 더 좋은 시절은 없었다고 말했다.

그의 책이 몇 부나 팔렸는지 묻자 그는 모른다고 대답했다. 내가 반문했다. "그래요? 대략적인 수치는 알고 계시지 않나요?" 이에 그가 말했다. "아뇨. 정말 전혀 모릅니다."

나는 《메인 스트리트》에서 벌어들인 돈이 얼마나 되는지를 물었고, 그는 잘 모르며 사실 신경도 안 쓴다고 대답했다. 그는 자기의 비즈니스 문제를 관리하는 변호사와 회계사가 있으며, 자기는 얼마나 버는지에 대해서는 전혀 신경 쓰지 않는다는 거였다.

루이스는 온갖 경험을 했다. 그의 아버지는 미네소타 주의 초원에서 일하던 시골 의사였고, 루이스는 때로 아버지가 수술을 하는 동안 환자에게 클로로포름을 투여하기도 했다. 가축 수송선을 타고 일을 하면서 대서양을 건넌 적도 있으며, 일자리를 구하기 위해 삼등 선실에 올라 파나마에 가기도 했다. 그 외에 동시를 쓰고 잭 런던에게 이야기 소재를 팔기도 했으며 청각장애인을 위한 잡지의 편집 보조로 일한 경력도 있다.

루이스는 운동을 전혀 하지 않으며, 택시의 문을 열고 안으로 들어가는 것이 도시인에게 필요한 운동으로 족하다는 조지 넌 네이선과 의견을 같이한다. 스포츠에도 전혀 관심이 없었다. 베이브 루스가 그가 이름을 알고 있는 유일한 야구 선수이며, 그가 들어본 적이 있는 축구 선수는 레드 그레인지가 유일하다.

내가 물었다.

"처음에 근무했던 신문사 세 곳에서 해고되셨다죠?"

그가 대답했다. "아니요, 네 군데입니다."

나는 젊은 작가들에게 어떤 충고를 해주고 싶은지 묻고 싶었다. 그런데 내가 '충고'라는 말을 꺼내기 무섭게 그의 입에서 "없습니다."라는 말이 튀어나왔다. 그는 누구에게 어떤 문제에 대해서든 충고를 늘어놓는 것을 좋게 보지 않았다.

어느 날, 스웨덴 억양을 쓰는 누군가가 전화하여 그가 노벨 문학상 수상자로 결정되었다는 사실을 알려주었다. 루이스는 미네소타주에 거주하는 스웨덴 사람들을 많이 알고 있었기에 그 사람의 억양이 조금 이상하다고 생각했다. 그래서 어떤 친구가 그에게 장난

을 치는 거라고 생각하여 그도 그 사람에게 농담을 하기 시작했다

몇 분 뒤, 그는 그것이 모두 사실이며 자신이 진짜 문학계에서 가장 큰 상을 받게 되었다는 사실을 알게 되고는 소스라치게 놀랐다.

...31
다이아몬드 짐 브래디

사랑하는 여인의 무릎 위에 백만 달러를 올려놓고 청혼하다

브로드웨이의 하룬 알 라시드(아라비아 아바스 조의 제5대 칼리프로 사라센 문화의 황금시대를 이루었다.-옮긴이)로 통하는 다이아몬드 짐 브래디는 제1차 세계대전 중에 세상을 떠났다. 그의 사망과 함께 브로드웨이 극장가에서는 가장 비범한 인물 하나가 사라졌다. 생전에 브래디는 고대 로마 황제들이 꾀꼬리의 혀를 먹으며 식사를 했던 시절 이후로 가장 화끈하고 현란한 파티를 벌였고, 각기 다른 다섯 곳에서 동시에 다섯 개 파티를 벌이며 흥청대기도 했다. 때로 이 파티들은 열일곱 시간 동안 떠들썩하게 계속되었고, 비용은 10만 달러나 들었다. 그는 손님들에게 다이아몬드 브로치나 하나에 1,000달러나 하는 다이아몬드 시계 같은 장식품과 기념품을 선물하기 좋아했다.

브로드웨이의 도락가였던 다이아몬드 짐은 아버지가 뉴욕의 호숫가에서 운영한 술집 위에 있던 싸구려 아파트에서 태어났다. 그는 동요를 배우기도 전에 병의 코르크 마개를 펑 하고 뽑는 법을 먼저 배웠음에도 정작 자신은 평생 술을 한 방울도 입에 대지 않았다. 브로드웨이의 대권을 장악하며 군림할 때 그는 술에 많은 돈을 뿌려대며 서반구의 그 누구보다 많은 샴페인과 포도주를 사들였지만, 그 모두를 친구들에게 나누어주었다. 그들이 부어라 마셔라 하는 동안 다이아몬드 짐은 자리에 앉아 탄산음료 열서너 잔으로 자신의 대단치 않은 갈증을 풀었다.

그는 체중이 110킬로그램이 넘었으며 식도락을 아주 좋아해 매일 밤 열다섯 개 코스로 이루어진 저녁 식사를 했고 보통 메인 요리를 두세 그릇 곁들였다. 그 다음에는 거의 500그램의 초콜릿을 먹었고 극장에 갈 때는 박하사탕 한 상자를 가져갔다. 그리고 매주 캔디 수백 상자를 친구들에게 보냈다. 캔디 구입 비용만 해도 한 달 평균 2,000~3,000달러는 되었다. 또 차와 커피는 싫어했지만, 오렌지 주스는 무척 좋아했다. 그래서 턱 밑에 냅킨을 접어 넣기 전에도 오렌지 주스를 거의 4리터나 들이켰고, 식사를 하면서도 자주 4리터에 가까운 양을 꿀꺽꿀꺽 마셔댔다. 한 자리에서 치킨 여섯 마리를 해치운 적도 있다. 참 대단하다. 실제로 노년에 그가 수술을 받았을 때, 의사들은 그의 위가 보통 사람의 것보다 여섯 배 크다는 사실을 알아냈다.

다이아몬드 짐은 어떻게 그 많은 돈을 벌었을까? 그는 스트레스 많은 이 나라가 배출해 낸 가장 유능한 세일즈맨의 한 사람이었다. 게다가 운도 좋았다. 그는 목재 객차가 철로를 달리던 초기에 철로 만든 객차를 팔기 시작했다. 나라는 팽창 중이었고 철로가 긴 밧줄처럼 바다와 바다를 잇고 캐나다에서 멕시코 만까지 뻗어가고 있었다.

다이아몬드 짐이 강철 객차를 팔기 시작했을 때, 그것은 아직 시험 단계였기에 아무도 원하는 사람이 없었다. 그래서 그는 결국 엄청난 수익을 안겨준 계약을 따내게 되었고, 이 계약을 통해 객차 한 대를 팔 때마다 33퍼센트가 넘는 수수료를 챙겼다. 이윽고 이 나라의 모든 철도회사가 강철 객차를 원하게 되었고, 철도회사들은 그 차를 구하기 위해 다이아몬드 짐 브래디에게 머리를 조아려야 했다. 그때 그에게는 경쟁자가 하나도 없었기 때문이다. 이렇게 강철 객차를 팔아 번 돈이 1,200만 달러에 이르렀다. 그는 자기 시대의 산물이었다. 만약 그가 50년 뒤에 태어나 오늘날 강철 객차를 팔려고 했다면, 입에 풀칠하기도 어려웠을지 모른다.

다이아몬드 짐은 흥행사이자 서커스 왕 바넘 이후로 가장 기이한 홍보 묘기를 선보임으로써 스코훼건에서 샌타페이에 이르기까지 널리 이름을 알렸다. 그는 문자 그대로 자신을 다이아몬드로 장식했다. 그는 한 달간 매일 다른 종류의 세트를 착용할 수 있을 만큼의 보석을 지니고 있었고, 하루에 여섯 번이나 일곱 번까지 자주 보석을 바꿨다. 또 2,548개의 반짝이는 다이아몬드와 루비 19개로 몸을 치장한 채 브로드웨이를 거닐곤 했다. 그리고 자전거와 자동차 모양을 본 딴 값비싼 셔츠용 장식단추와 기관차와 화차 모양으로 만들어진 커프스버튼들을 이용했다.

그는 터무니없을 정도로 돈을 펑펑 뿌려댔다. 뉴저지에 있는 그의 농장에서는 파티가 열릴 때면 두텁게 금을 바른 들통 안에 소의 젖을 짰다. 그의 당구 테이블에는 홍옥수와 청금석을 박아 넣었고, 포커칩은 줄무늬가 있는 마노와 진주층으로 만들어졌다. 또 집에 가구를 비치하는 일을 맡은 실내장식가에게 30만 달러가 넘는 돈을 지불했으며, 매년 친구들에게 가구를 모두 주어버리고 직접 가구들을 새로 샀다. 그리고 여배우 겸 가수였던 릴리언 러셀에게 금으로 도금하고 수백 개의 다이아몬드, 루비, 사파이어, 에메랄드 등을 박아 넣은 자전거를 선물한 적이 있는데, 날씬하고 맵시 좋은 릴리언이 5번가에서 이 자전거의 페달을 밟으면 그 일대의 교통이 마비될 정도였다.

다이아몬드 짐은 손수건이 5,000개였고 정장이 200벌이나 되었다. 그리고 공적인 자리에 모습을 나타낼 때는 반드시 프록코트와 높은 실크 모자를 착용했다. 서부의 철도 선로를 따라 수동차를 타고 갈 때도 그는 자신을 봐줄 것이라고는 다람쥐과 동물인 프레리도그밖에 없는데도 프록코트와 실크 모자를 쓰고 다이아몬드를 박은 지팡이를 들고 나갔다.

다이아몬드 짐의 위가 보통 사람의 것보다 여섯 배 더 컸다면, 그의 마음도 마찬가지였다. 오랫동안 그는 자신을 찾아와 애달픈 신세타령을 늘어놓은 거의 모든 이들에게 통 크게 돈을 빌려주었다. 그 돈을 대부분 돌려받지 못하리라는 것을 알고 있었음에도 그는 신경 쓰지 않았다. "그럴 여유만 있다면 남한테 속아주는 것도 재밌다."고 그는 말했다.

죽음이 임박했을 때 그는 자신에게 20만 달러에 상당하는 어음과 차용증서가 있음을 알게 되었다. 그가 마지막으로 한 일들 중 하나는 자신이 지닌 모든 어음을 없애버려 유언 집행자들이 그것들을 수금하지 못하게 한 것이다.

그는 말했다. "난 곧 죽습니다. 하지만 뒤에 머리 아프고 가슴 아플 일들을 남겨두고 싶지는 않군요."

세상을 떠났을 때 다이아몬드 짐은 실제로 그 많은 재산을 자선단체에 기부하고 갔다. 그의 다이아몬드와 루비와 에메랄드는 2백만 달러 가치가 나갈 것으로 추정되었다. 이들은 세팅에서 빼낸 후 반지에 넣어져 다시 팔렸다. 그래서 오늘날 많은 여성들이 알지도 못한 채 한때 다이아몬드 짐의 통 큰 매력을 빛나게 해주었던 보석을 끼고 다닌다.

모든 사람이 다이아몬드 짐을 '사랑'했지만, 그는 늘 독신으로 남아 있었다. 릴리언 러셀의 무릎 위에 백만 달러를 놓고 결혼해 달라고 청한 적이 있지만, 그녀는 그의 청혼을 거절했다. 그는 "세상에 나처럼 못생긴 남자하고 결혼할 여자는 없다."고 탄식하며, 머리를 테이블 위에 처박고는 아기처럼 엉엉 울었다.

...32
헤티 그린

조간신문을 되팔고 폭염 속에서 누더기를 분류하여
6,500만 달러의 재산을 모으다

한때 헤티 그린은 미국에서 가장 부유한 여성이었다. 사망 당시 그녀의 재산은 최소한 6,500만 달러, 아니면 아마 1억 달러쯤 되었을 것이다. 하지만 아무리 날품팔이로 먹고 사는 여성이라도 헤티 그린보다는 더 좋은 옷을 입고 더 나은 식사를 하고 더 좋은 침대에서 잤다.

헤티의 소득은 1분에 5달러, 즉 시간당 300달러였다. 하지만 그녀는 조간신문을 2센트에 사서 다 읽은 후 되팔곤 했으며, 추운 겨울에는 자주 신문을 몸에 둘러 온기를 유지했다. 헤티는 현찰을 주고 철도회사 두 곳을 몽땅 샀고, 이 나라 거의 모든 철도의 채권을 소유하고 있었다. 하지만 기차를 탈 때 그녀는 결코 고급 특별 침대를 이용하지 않았고 보통객차에서 밤새도록 똑바로 앉아 여행했다.

한 번은 만찬회를 한다며 보스턴에 있는 파커 하우스 호텔에 친구들을 모이게 한 적이 있다. 모두가 대단히 멋지고 화려한 모임이 될 것으로 기대했다. 숙녀들은 이브닝 랩을 둘렀고 신사들은 야회복을 걸친 채 나타났다. 그러나 손님들이 도착하자 헤티는 그들을 호텔 밖으로 인도하더니 한참을 걸어 싸구려 하숙집으로 데려가서는 25센트짜리 저녁 식사를 대접했다.

보스턴에 있을 때는 가끔 파이 앨리에 있는 한 식당을 이용했다. 이곳에서는 3센트에 콩 한 접시를, 2센트에 쐐기 모양으로 자른 작은 파이 한 조각을 먹을 수 있었다. 당시 그녀의 수입은 초당 8센트가 넘었다. 즉, 그 수입에 맞춰서 식사를 한다고 가정했을 경우 초당 네 조각의 파이를 먹을 수 있다는 의미였다.

헤티가 일흔여덟 살이 되었을 때, 한 신문기자가 그녀에게 건강 비결을 물었다. 그녀는 매일 아침 식사로 안심 스테이크와 감자튀김을 먹고 차 한 잔과 우유를 마시며, 스테이크와 우유에 들어 있는 세균을 죽이기 위해 하루 종일 구운 양파를 씹는다고 대답했다. 불행히도 그녀는 양파 속의 세균을 죽이기 위해서는 무엇을 먹는지는 말해 주지 않았다.

1893년의 타는 듯이 뜨거웠던 어느 날, 헤티 그린은 아버지가 물려준 한 창고의 다락방 위로 기어 올라갔다. 7월의 태양은 철로 된 지붕을 녹여버릴 듯했고 다락방은 지옥의 가장자리에 버금갈 정도로 뜨거웠다. 하지만 헤티 그린은 머리꼭지를 지져대는 듯한 무더위 속에서도 몇 시간 동안 일을 했다. 무슨 일을 했을까? 색깔 있는 천 무더기에서 흰색 천을 골라내는 일이었다. 흰색 천 조각을 가져오면 고물상에서 파운드당 1센트를 더 얹어주었기 때문이다.

헤티는 대부분의 시간을 자신의 투자 대상을 살피며 월스트리트에서 보내야 했다. 그것은 위험한 일이었고 그녀도 그 사실을 알고 있었다. 헤티는 만약 뉴욕 시에서 아파트를 임대하거나 가구를 한 점이라도 소유할 경우, 세무 관리가 급습하여 매년 3만 달러를 털어간다는 사실을 알게 되었다. 그래서 그녀는 그들을 피하기 위해 싸구려 하숙집을 전전했다. 심지어 헤티의 제일 친한 친구들조차 그녀가 어디서 지내는지 모를 정도였다. 헤티는 가명을 쓰고 누더기를 걸쳤으며 짐도 별로 없었기 때문에 의심 많은 집주인들은 숙박비를 미리 내라고 할 정도였다.

그런데 그녀가 나이가 들어가면서 기적 같은 일이 일어났다. 한 친구가 그녀를 설득하여 피부 관리를 위해 300달러를 쓰게 한 것이다. 그녀가 한 번 관리를 받을 때마다 한 살씩 더 젊어 보였다.

사기꾼이 자신의 서명을 위조하여 수표에 사용할 것을 늘 우려했던 헤티는 꼭 필요한 경우가 아니면 절대 서명하지 않았다. 그녀는 우편으로 자신에게 배달된 모든 편지 봉투를 모아서 그 봉투 뒷면에 메시지를 적어 보냈다. 이렇게 하면 자신의 이름을 따로 서명할 필요가 없었던 것이다.

내 친구 보이든 스파크스는 헤티의 전기 《헤티 그린, 돈을 사랑한 여자 *Hetty Green, A Woman Who Loved Money*》의 공동 저자이다. 그는 내게 헤티 그린이 뉴욕의 케미컬내셔널뱅크에 몇 백만 달러를 예금해 두고 그곳을 자기 집처럼 느꼈다고 말했다. 그녀는 자신의 트렁크와 옷가방을 은행에 맡기고 낡은 드레스와 때 묻은 고무 덧신은 금고에 보관해 두었다. 또 늙은 말 한 마리가 끄는 마차를 은행에 가져와서는 바퀴를 떼어낸 후 그것을 2층에 보관하게 했다. 호보켄에 있는 자신의 아파트를 처분했을 때는 은행에 가구를 맡기기도 했다.

하지만 여러 면에서 그녀는 따뜻한 심성의 소유자였다. 예컨대 은행에는 창문을 닦고 심부름을 하는 떠돌이 행색의 늙은 포터가 한 사람 있었다. 어느 날 은행이 그를 해고하자 헤티 그린은 그가 너무 안됐다고 여겨 그에게 다른 일자리를 찾아주기 위해 거의 일주일을 동분서주했다.

헤티 그린은 마비성 발작으로 여든한 살에 사망했다. 마지막 투병 중에 그녀를 돌본 간호사들은 흰색 간호사복을 입지 못하고 평상복 차림을 했다. 왜냐하면 헤티가 그들을 평범한 간병인으로 생각하도록 하기 위함이었다. 만약 그들이 많은 돈을 주어야 하는 훈련받은 간호사란 걸 헤티가 알았다면, 편히 눈을 감지 못했을 것이기 때문이다.

...33

존 배리모어

하루에 5,000달러를 벌면서도
애완 독수리에게 먹일 썩은 고기를 찾아 쓰레기통을 뒤지다

1876년의 어느 무더운 여름날, 한 젊은 영국인이 뉴욕의 오래된 호프만 하우스 바에 들어와 얼음을 뺀 위스키소다를 주문했다. 술집의 손님들은 그렇게 무더운 날에 그가 얼음 없는 음료를 주문하는 것을 보고 놀라는 한편 그의 실크 모자와 외알 안경, 그리고 정확한 옥스퍼드식 억양의 말투에 흥미를 느꼈다. 그런데 바에 있던 한 발랄한 젊은 친구가 그 영국인 멋쟁이에게 비아냥댔다. 뉴욕의 돈 많은 사교계의 명사이자 운동선수였던 그는 1달러 은화로 자기 한 쪽 눈을 가리고는 몸을 앞으로 내밀며 말했다. "이봐 퍼시, 얼음을 뺀 스카치와 소다는 영국식인 모양이야, 그렇지?"

그는 이 실크 모자를 쓴 사람이 옥스퍼드 대학 재학 시절 영국의

아마추어 라이트급 복싱 챔피언이었다는 사실을 알지 못했다. 그러나 이제 그는 번개처럼 갑작스럽게 그 사실을 확인하게 될 참이었다. 그 영국인은 자신의 외알 안경을 조심스럽게 벗고 실크 모자를 머리 위로 더 꾹 눌러쓰더니 매우 정중하게 대답했다. "실례합니다만 선생, 잠시 영국식이 뭔지 보여드리지요." 이 말과 함께 그는 뉴요커의 턱에 전광석화처럼 주먹을 날렸다. 5분 뒤 의식을 회복한 그 명랑한 젊은이는 자기를 한 방에 보낸 영국 멋쟁이와 악수를 했고 술집에 있던 모두에게 한 잔씩 돌렸다. 물론 얼음은 빼고. 사람들은 즐겁게 환호했다.

무쇠주먹을 지닌 이 실크 모자의 영국인은 미국의 연극 역사를 새로 쓸 이름을 지니고 있었다. 그것은 오래도록 전 세계 수천 개 극장의 간판에서 찬연히 빛날 이름이었다. 그의 이름은 모리스 배리모어였고, 바로 유명한 배우 남매인 에델 배리모어, 라이오넬 배리모어, 그리고 존 배리모어의 아버지였다.

배리모어 가족은 20세기의 가장 유명한 연극인 가족이 되었다. 그들은 브로드웨이 무대에서 유명한 스타였을 뿐 아니라, 라이오넬과 존은 할리우드에서도 가장 명망 있는 두 스타로 성장했다. 배리모어 가족의 유명세를 타고 얼마 전에는 그들과 그들의 친척을 소재로 한 연극 <왕가 *The Royal Family*>가 브로드웨이에서 큰 성공을 거두었다.

참 이상하게도, 배리모어 집안의 자식들 중 배우가 되기를 원한 아이는 하나도 없었다. 특히 라이오넬과 존은 화가가 되고 싶어 했다. 라이오넬은 연기를 너무 싫어하여 그의 할머니 드루 배리모어가 연출한 <라이벌>에서 그를 빼버리자 오히려 뛸 듯이 기뻐했을 정도였다. 이제 진짜 하고 싶었던 일, 즉 화가가 되어 무대 위의 장면을 그림으로 표현할 수 있게 되었기 때문이다.

라이오넬은 한동안 파리에서 미술을 공부했고, 존은 <뉴욕 저널>의 편집자 아더 브리스베인을 위해 삽화와 만화를 그렸다. 그가 주중에 맡은 일 중 하나는 엘라 휠러 윌콕스의 <열정의 시>라는 작품의 삽화를 그리는 것이었다. 존은 이 시들이 말하는 내용에는 전혀 신경 쓰지 않고 그저 자신이 그리고 싶은 것을 그렸다. 가령 그는 윌콕스 부인의 열렬한 연애시 한 편에 나뭇가지에 목을 매고 죽어 있는 사람의 모습을 그려 넣었다. 윌콕스 부인은 자신의 문학을 매우 진지하게 받아들였기에 이 그림을 보고 불같이 화를 냈다. 그녀는 노발대발하며 자신의 시를 조롱한 화가를 직접 만나게 해달라고 요구했고, 배리모어는 그녀의 집을 찾아갔다. 그때 젊고 잘생긴 배리모어의 모습을 본 중년의 여류시인은 화를 내며 따지기는커녕 매우 즐거워하며 설레기까지 했다. 그녀는 존에게 차를 대접했고, 앞으로도 매력적인 존 배리모어가 항상 자신의 시에 삽화를 그리게 해달라고 요구했다. 그러나 그로부터 3주 후에 브리스베인은 이 매력적인 존을 게으르고 무능력하다며 해고했다.

존과 라이오넬 형제가 뉴욕에서 화가로서 생계를 꾸려가던 시절에 프랭크 버틀러라는 작가가 그들과 함께 살고 있었다. 어느 날, 존과 버틀러는 먹을 것이 없어서 무척 배가 고팠다. 그래서 그들은 버틀러의 금니 하나를 빼서 전당포에 맡겼지만, 약간의 기분을 내며 즐기고 나니 남은 돈이 10센트밖에 되지 않았다. 그래서 10센트로 핫케이크와 커피 두 잔을 마실 수 있는 싸구려 간이식당을 찾아갔다. 존은 버틀러가 두 번째 커피를 주문하고 핫케이크의 절반을 먹어치울 때까지 밖에서 참을성 있게 기다렸다. 하지만 결국 참다 못한 존은 뛰어 들어가 버틀러의 귀에 대고 속삭였고, 버틀러는 곧 벌떡 일어나 슬프게 외쳤다. "아, 안 돼! 그럴 리가 없어! 우리 불쌍한 어머니!" 그는 바로 식당 밖으로 튀어나갔고 존은 자리에 앉아 두 번째 커피를 마시고 남은 핫케이크를 먹어치웠다.

그 당시 라이오넬과 존 배리모어는 추위와 굶주림에 시달렸지만, 꿈을 추구하고 있었다. 지금 라이오넬은 향수를 느끼며 그 시절을 추억한다. 그는 존과 그들이 함께했던 청춘 시절을 기리며 관현악 모음곡을 작곡한 적이 있다. 이 곡은 1944년 4월 22일에 유진 오르먼디 지휘로 필라델피아 심포니 오케스트라에 의해 초연되었다. 이 작품은 배리모어 형제가 한창 꿈에 부풀어 앞날이 창창해 보이던 시절에 2번가 카페에서 듣곤 했던 집시의 멜로디와 민요의 즐겁고 쾌활한 가락이 섞여 있어 밝고 명랑한 느낌을 준다. 라이오넬은 이 곡을 작곡할 때 존과 오래도록 대화하는 듯한 느낌을 받았다고 말했다.

모리스 배리모어는 온갖 종류의 동물을 수집했고, 라이오넬과 존은 언제나 동물들을 사랑했다. 한 번은 고양이가 할리우드에 있는 라이오넬의 집 담장 사이의 공간에 새끼를 낳은 적이 있는데, 라이오넬은 새끼들이 혹시 그 좁은 공간에서 죽을까 봐 담장을 조금 헐었다.

존에게는 클레멘타인이라 이름 붙인 애완용 원숭이가 있었다. 그는 이 원숭이를 마치 아기처럼 보살폈고 유람선 여행을 할 때도 데려갔으며 밥도 자기와 같은 테이블에서 먹게 했다.

존은 1,900달러를 주고 극락조 두 마리를 구입했고, 자신이 사들인 예민하고 까다로운 열대지방의 새들을 위해 2만 달러를 들여 특수 난방장치를 갖춘 거대한 새장을 지었다. 엄청나게 큰 독수리를 사서 그것을 애완동물처럼 귀여워하기도 했다. 이 독수리는 거위만큼 컸고 부리도 길고 날카로웠다. 여느 독수리들처럼 녀석도 썩은 고기를 좋아했다. 하루에 5,000달러를 버는 낭만적인 배우 존 배리모어는 이따금 자기 독수리에게 먹일 적당한 고기를 구하기 위해 할리우드의 쓰레기통을 들쑤시며 돌아다녔다.

어느 날 밤, 허름한 작업복 차림의 배리모어가 거리를 걸으며 쓰레기통을 살피고 있었다. 그때 잘 차려입은 남자가 그를 보고는 그가 배가 고파서 먹을 음식을 찾아 쓰레기통을 뒤지는 것으로 오해했다. 그 인심 좋은 신사는 배리모어에게 25센트를 주면서 말했다. "이 돈으로는 꼭 먹을 것만 사시오." 배리모어는 공손하게 자신의 초라한 모자에 손을 대며 중얼거렸다. "선생님께 신의 축복이 함께 하시길!"

존 배리모어는 할리우드에서 3백만 달러가 넘는 돈을 벌어들였다. 1931년 한 해에만 거의 50만 달러를 벌었고, 집을 마련하는데 25만 달러를 쓰고 요트를 구입하는데 거의 25만 달러를 지출했다. 또 자신의 수영장에 8,000달러를 들여 해시계가 달린 작은 기둥을 세우기도 했고, 사라예보에서 암살되어 제1차 세계대전을 촉발시킨 프란츠 페르디난트 대공의 궁전에 걸려 있던 샹들리에도 구입했다. 그 샹들리에 가격은 75달러에 불과했지만, 그것을 걸어둘 방을 꾸미는 데는 3,000달러가 들었다.

1934년에 그는 건강을 위해 인도에 갔다. 그 해에는 7만 5,000달러를 벌었지만, 지출은 거의 30만 달러에 달했다. 소득의 4배였다. 그 다음 해에는 상황이 훨씬 좋지 않았다. 1935년의 다섯 달 동안 그는 하루 평균 825달러씩 소비한 반면, 수입은 하루에 33달러에 불과했다. 지출이 소득의 25배였다. 그러나 그는 주로 다른 사람들을 위해 돈을 썼다.

그의 친한 친구 진 파울러의 말을 들어보자. "배리모어는 옷에 전혀 신경 쓰지 않았습니다. 시계도 없었고 반지도 끼지 않았죠. 손님을 접대하는 것도 어쩌다 한 번이었어요. 그는 고급 식당에서 폼 나게 앉아 있는 것보다는 자기 집 주방이나 가능하다면 친구의 주방에서 청어고기 먹는 것을 훨씬 좋아했지요. 대체로 용돈도 적은 편이었죠. 청구서나 고지서 대금 밀리는 것을 아주 싫어했다는 점만 빼면 그는 돈에 대해 큰 관심이 없는 듯했습니다."

존 배리모어는 계층을 가리지 않고 친구를 사귀었다. 그의 친구 중에는 부랑자도 있었고 윈스턴 처칠도 있었다. 그가 <햄릿> 공연을 중단하기로 결정한 후에 런던에서 공연을 계속하기로 마음을 바꾼 것도 윈스턴 처칠의 격려에 따른 것이었다.

배리모어는 관습 따위에 얽매이지 않고 인생을 어릿광대처럼 즐겁게 살았다. 어느 날 밤, <햄릿>을 연기하던 중 그는 관객들에게 새로운 뭔가를 보여주고 싶었다. 그래서 막간에 몸에 꽉 끼는 타이즈를 입은 햄릿 복장 그대로 커튼 앞에 나가서 악사의 색소폰 연주에 맞춰 탭댄스와 사교춤, 그리고 왈츠를 추었다.

또 다른 날 저녁에는 로맨틱한 연극 <피터 이벳슨>의 러브신을 연기하다가 꽃다발에 키스를 하고는 가슴에 꼭 끌어안았다. 그때 이층 발코니에 있던 젊은 여성이 웃음을 터뜨렸다. 그러자 배리모어는 버럭 화를 내며 소리쳤다. "만약 나보다 이 장면을 더 잘할 수 있을 것 같으면 어디 내려와서 해봐요." 이 말을 하면서 그는 꽃다발을 객석으로 내던져 한 여성의 얼굴을 맞혔다. 막이 즉시 내려졌다. 극장은 분노의 웅성거림으로 들끓었고, 매니저는 폭동이라도 일어날까 봐 두려워했다. 연극은 30분 정도 중단되었고, 막이 다시 오르기 전에 매니저는 배우들에게 만약 문제가 생길 경우 바로 줄행랑을 치라고 귀띔해 두었다. 존이 무대 위로 걸어 나왔을 때, 처음에는 정적뿐이었지만 이내 몸짓과 자세, 매력, 탁월한 연기로 즉시 청중을 휘어잡았다. 얼마 지나지 않아 청중은 갑자기 환성을 지르며 오래도록 갈채를 보냈다.

독감이 유행하던 시기에 배리모어는 청중들의 끊임없는 기침 소리에 짜증이 났다. 그는 외투 속에 큰 생선 한 마리를 숨기고 있다가 청중의 기침이 시작될 때 그 생선을 무대 너머로 던지며 소리쳤다. "이거나 뜯어먹어라, 이 빌어먹을 바다코끼리들아!"

한 번은 존이 <리처드 3세>의 유명한 대사를 읊조리고 있었다. "말, 말을 다오! 말을 주면 내 왕국을 주겠다." 그때 발코니에서 한 남자가 크게 웃었다. 그러자 배리모어는 즉시 발코니를 향해 칼을 겨누고는 외쳤다. "빨리 저 시끄러운 나귀에 안장을 얹어라!"

존 배리모어는 의심할 나위 없이 우리 시대의 빼어난 햄릿 중 한 명이었다. 그는 브로드웨이에서 어떤 배우보다도 햄릿을 더 오래 연기했다. 그래서 라이오넬이 동생의 묘비에 자신의 팔에 안겨 죽어가는 햄릿을 보며 호레이쇼가 한 말을 새겨 넣은 것은 지극히 자연스러웠다. "편히 주무세요, 사랑스런 왕자님! 천사들의 노래를 들으며 편히 쉬세요."

...34
엘리 컬버트슨

밖으로 싸우러 나간 사이 판돈을 쓸어 담아 1만 달러를 번 사나이

1921년, 한 젊은이가 파리의 대로를 식식대며 걷고 있었다. 그의 주머니는 텅 비어 있었지만, 마음은 끓어오르는 분노로 터질 지경이었다. 바로 400만 달러를 강탈당했기 때문이다. 좀 더 자세히 말하면 그의 가족이 당했던 일이다. 수년 전, 미국의 지질학자이자 탄광 기사였던 그의 아버지는 러시아에서 유전을 발견하여 엄청난 재산을 모았다. 그런데 전쟁이 끝난 후 소련 정부는 그의 재산을 몰수하여 하루아침에 그를 빈털터리로 만들어버렸다. 그의 아들은 목숨을 구하기 위해 파리로 도망했다. 1921년에 파리의 하늘 아래 선 그와 굶주림 사이에는 겨우 20달러만 남아 있었다.

그래서 그는 자신의 운을 시험해 보기로 했다. 우연히 도박장에

들어간 그는 카드게임의 일종인 슈만드페르에 5달러를 걸었다. 그런데 그가 카드 패를 뽑을 때 한 프랑스인이 그만 그의 발가락을 밟고 말았다. 그는 벌컥 화를 내며 그 사람에게 욕을 퍼부은 다음 당장 사과하라고 요구했다.

그 프랑스인이 사과했을까? 사과는커녕 그도 굉장한 모욕감을 느끼고는 이 젊은 미국인에게 결투를 신청했다. 그들은 칼도 권총도 없었기 때문에 곧장 도박장 뒤편으로 나가 맨주먹으로 치고받았다. 서로 눈에 멍이 들고 코에서는 피가 흘렀다. 그렇게 한바탕 난타전을 벌이고 나서야 두 사람은 서로의 몸에서 떨어졌다.

이 시건방진 젊은 미국인이 도박 테이블로 돌아왔을 때, 그는 너무 놀라 말을 할 수 없었다. 대박이 난 것이다. 그는 한 번만 돈을 딴 것이 아니었다. 그가 밖에서 싸우는 동안 그가 딴 돈은 기하급수적으로 계속 증가하여 5달러가 1만 달러의 거금으로 불어나 있었다.

이 싸움은 그의 전체 인생을 바꿔놓았고, 몇 백만의 미국인에게도 영향을 주었다. 어떻게 그럴 수 있었을까? 당신은 브리지 게임을 하는가? 컬버트슨 방식으로 게임을 하는가? 만약 그때 그 주먹다짐이 없었다면 아마 컬버트슨 방식도 생겨나지 않았을 것이다. 엘리 컬버트슨이 도박장에 들어왔을 때, 그는 러시아 혁명에 반대한 백러시아군(White Russian army)에 입대하여 볼셰비키 패거리 몇 놈을 총검으로 찔러죽이고 자기 재산을 되찾기 위해 싸울 작정이었기 때문이다. 그러나 졸지에 1만 달러를 손에 쥐게 된 그는 전쟁에 대해서는 모두 잊고 미국으로 가는 배에 오른 후 워싱턴으로 달려가 소련 정부를 상대로 400만 달러 소송을 제기했다. 그리고 소설가나 경제학 교수가 될 계획이었다.

그때가 1921년이었다. 당시 컬버트슨은 궁색하고 초라한 카드 플레이어였다. 그러나 지금 그는 콘트랙트 브리지 게임으로 1년에 50만 달러, 또는 일주일에 1만 달러를 벌어들이고 있다. 하지만 그것이 전부 이익으로 남아 있는 것은 아니다. 그는 전 세계의 브리지 팬들이 계속 퍼부어대는 수많은 질문에 답하는 데만 1년에 3만 달러를 소비한다. 그의 조수들은 요금을 부과하지 않고 모든 질문에 답해 준다.

그 이름이 콘트랙트 브리지와 거의 동의어가 된 컬버트슨은 스코틀랜드 장로교도였던 신실한 아버지의 손에 양육되었다. 아버지는 아들에게 모든 도박은 죄악이며, 카드는 악마의 사악한 도구라고 가르쳤다.

칼 마르크스와 톨스토이의 제자였던 컬버트슨은 항상 급진적인 사상에 사로잡혀 있었다. 소년 시절, 러시아에서 학교에 다닐 때에도 그는 자신과 뜻을 같이하는 학생들과 함께 비밀 혁명위원회를 조직했고, 자신의 미국 여권을 이용하여 스위스로 가서는 레닌이 제네바에서 발행하고 있던 반입 금지된 볼셰비키 신문을 몰래 들여왔다.

1922년 미국에 온 그는 교단에서 철학과 사회학을 가르치려 했지만, 일자리를 구할 수 없었다. 그래서 석탄을 팔아보려 했으나 실패했고, 그 뒤에는 커피 장사를 시도했지만 거기서도 실패했다. 나중에는 뉴욕의 한 사회주의자 단체에서 프랑스 문학을 가르쳤고, 바이올리니스트였던 남동생을 위해 콘서트 매니저 역할을 했다.

그때만 해도 그는 브리지 게임을 가르쳐볼 생각이 전혀 없었다. 그는 단지 가난한 카드 플레이어였을 뿐이다. 그러나 고집이 아주 센 플레이어였다. 그는 질문을 아주 많이 했고 게임이 끝난 뒤에도 이것저것 따지고 확인하는 것이 너무 많았기 때문에 모두가 그와의 게임을 피했다. 그는 브리지에 관한 책들을 읽었지만 큰 도움은 되지 못했다. 그래서 직접 책을 쓰기 시작했다. 시간이 지나면서 그는 브리지 관련 책을 다섯 권이나 썼지만 별 가치는 없었다. 그도 그 사실을 알고 있었기에 조판하기 전에 원고를 모두 찢어버렸다. 그 후에 쓴 책들은 10여 개 언어로 번역되어 거의 백만 부가 팔렸다. 그의 책 중 하나는 점자책으로도 출판되어 시각장애인들도 브리지 게임 실력을 향상시킬 수 있게 했다.

컬버트슨은 1910년에 처음으로 미국 땅을 밟았다. 그의 러시아인 어머니가 아들을 이곳으로 보낸 것은 그가 예일 대학에서 공부하기를 바랐기 때문이다. 하지만 그는 영어 실력 부족으로 입학시험에서 떨어졌다.

생각해 보라, 그는 미국 시민이었고 미국 역사를 잘 알고 있었으며 러시아어, 독일어, 프랑스어, 스페인어, 그리고 이탈리아어까지 할 줄 알았다. 그런데도 영어의 장벽을 극복하지 못한 것이다. 그래서 그는 예일 대학과는 작별을 고하고 캐나다로 가서 철도 건설 노동자들을 위해 시간 기록원으로 일했다. 그는 노동자들에게 격앙된 어조로 회사가 그들을 속이고 값싼 임금으로 부려먹고 있다며 핏대를 올렸다. 그러면서 분란을 조장하고 파업을 주도하다가 결국 회사에서 쫓겨났다.

그는 가장 가까운 읍까지 300킬로미터를 걸었고, 부랑자들과 여행하고 화물열차에 무임승차하며 남의 집 부엌문 앞에서 먹을 것을 구걸하는 등의 많은 난관을 헤치며 태평양 연안에 이르렀다. 지금 컬버트슨 방식의 게임을 하는 서부의 여성들 중 일부는 뒷문으로 엘리 컬버트슨에게 샌드위치와 뜨거운 커피를 건네주었을 가능성이 아주 높다.

...35
벤델 가家

가장 별나고 기이한 뉴욕의 부잣집

뉴욕의 5번가와 39번가의 모퉁이에는 세간의 이목을 가장 많이 집중시킨 집이 서 있었다. 20년간 그것은 '미스터리 저택'이라 불렸다. 그 음산한 벽돌 담장을 소재로 탐정소설, 신문 기사, 희곡이 쓰이고 영화까지 만들어졌다. 오랜 세월 동안 5만여 명의 사람들이 매일 못을 박아 고정시킨 그 집의 대문 앞을 지나갔지만, 그 누구도 그 집의 굳게 닫힌 창문 뒤에 사람이 살고 있다는 흔적을 찾아낼 수 없었다.

관광버스를 타고 5번가를 달리면 아마 안내원이 벤델 하우스를 가리키면서 푸들이 뛰어놀 수 있는 백만 달러 가치의 마당이 보존되어 있는 세상에서 단 하나밖에 없는 집이라는 말을 해줄 것이다.

벤델 가는 뉴욕에서 가장 부유한 가문 중 하나였다. 그들이 소유한 부동산은 한때 1억 달러의 가치를 지닌 것으로 평가되었다. 하지만 그들은 과거에 매여 있었다. 이 집안의 미혼 형제자매들은 에이브러햄 링컨이 일리노이 주에서 무명의 변호사로 초원을 떠돌던 시절에 지어진 집에서 살았다. 나는 그 집이 완전히 파괴될 때 그 옆을 지나친 적이 있는데, 그때 인부들이 노예제도 시절부터 사용돼 오던 아연으로 만든 욕조와 대리석 세면대를 옮기는 것을 보았다.

벤델 가는 눈에 덜 피로하다고 여겨 전기보다는 가스 조명을 사용했으며, 라디오, 식기 운반용 소형 승강기, 엘리베이터, 자동차 등은 쓰지 않았다. 그 집안의 유일한 현대적인 도구는 전화였는데, 그나마 벤델 가의 마지막 자손이 죽기 겨우 이틀 전에 설치되었다. 간호사가 의사를 부를 수 있게 하기 위해서였다.

벤델 하우스는 겨우 6,000달러 가치로 평가되었다. 변호사는 자주 그 가족에게 그들이 6,000달러짜리 집에서 살기 위해 하루에 1,000달러를 쓰고 있다고 지적했다. 그것은 사실이었다. 그 집이 서 있는 땅의 가치는 거의 400만 달러에 달했고, 거기에 붙는 이자에다 세금을 합하면 하루에 총 1,000달러가량 되었기 때문이다. 그러나 그 많은 재산에도 불구하고 벤델 가는 과거에 파묻혀 살았다.

존 고틀리브 벤델은 1914년에 사망했다. 그때까지 그는 자신의 모든 양복을 남북전쟁 말기에 구입했던 옷과 정확히 똑같이 만들어 입었다. 그리고 최초의 양복은 40년 전에 구입했던 그 상자에 그대로 보관되어 있다. 그는 그것과 똑같은 모방품을 한 번에 열여덟 벌이나 만들었으며, 염색한 옷은 절대 입지 않았다. 그래서 검정색 정장이 필요할 때는 스코틀랜드의 한 회사를 통해 특별히 검정 양털을 깎은 양모를 공급받았다.

존 벤델은 비가 오거나 화창하거나, 여름이든 겨울이든 가리지 않고 우산을 갖고 다녔다. 또 말 그대로 완전히 너덜너덜해질 때까지 매년 쓰고 다닌 밀짚모자가 하나 있었는데, 계절이 바뀔 때마다 검정색의 니스를 칠해 밝게 광택을 냈다. 친구들을 식사에 초대할 때는 라틴어로 쓴 초대장을 보냈다.

그는 원인을 알 수 없는 각종 질병은 발을 통해 전염된다고 믿었다. 그래서 땅의 세균을 차단하기 위해 자신의 신발 밑창에 1인치 두께의 구타페르카(말레이시아산 나무에서 나오는 수지-옮긴이)를 깔았다.

생전에 존 고틀리브 벤델은 뉴욕 최대의 부동산 부자였다. 그는 그저 가만히 앉아 도시가 자신을 중심으로 성장하게 함으로써 부자가 되었다.

벤델 가의 자매들은 음주를 매우 싫어해서 건물에서 사용될 구급상자와 약상자에는 알코올이 약 0.5리터 이상 들어 있지 않게 한다는 약속을 받아낸 뒤에야 백만 달러짜리 임대차 계약서에 서명했다. 그럼에도 그들이 죽은 후에 지하 저장실에서는 1만 달러 상당의 희귀한 포도주, 위스키, 샴페인 등이 발견되었다. 그것들은 너무 오래도록 사람의 손이 닿지 않아 수백 병이 식초로 변해 있었다.

존 고틀리브 벤델에게는 일곱 명의 여동생이 있었는데, 그는 온 힘을 다해 그녀들의 결혼을 막았다. 만약 그녀들이 결혼하여 자식을 낳을 경우 재산이 산산이 쪼개질 상황을 우려했던 것이다. 그래서 그는 누이동생들에게 남자란 하나같이 그들의 재산을 노리는 음흉한 족속이라고 경고했고, 청혼자들이 그들을 방문하면 노골적으로 다시는 찾아오지 말라고 말했다.

그의 누이들 중 레베카만이 결혼했는데, 그것도 그녀가 예순 살이 되어서였다. 다른 자매들은 쓸쓸히 시들어가다 외롭게 죽었다. 그들의 황폐한 삶에 대한 이야기는 돈이 그 자체만으로는 얼마나 하찮은 것인지를 애처롭게 웅변해 준다.

여동생들 중 가장 활달했던 조지아나는 집안의 구속과 속박에 맞서 싸웠지만 결국 피해망상증이라는 병에 걸려 정신병원 신세를 져야 했다. 그녀는 20년간 정신병동에 갇혀 지내다가 1930년에 사망했을 때, 조지아나의 친구 대부분은 그녀가 사실 오래전에 죽은 줄 알고 있었다. 조지아나는 5백만 달러 상당의 재산이 있었지만, 그것은 그녀에게 5센트만큼의 행복도 가져다주지 못했다.

또 다른 누이 조세핀은 벤델 가의 시골 저택에서 그저 하인들에게 둘러싸인 채 혼자 살았다. 애처롭게도 그녀는 그 집이 즐겁게 뛰노는 아이들로 가득하다는 망상에 빠져 그들과 놀고 대화하곤 했다. 또 사람들이 자기를 만나러 왔다고 상상하고는 하인들에게 식탁에 6인분의 식사 자리를 마련하게 했다. 각 요리가 나올 때마다 조세핀은 자신이 바로 그 손님들인 척하면서 차례대로 자리를 바꿔 앉곤 했다.

자매들이 한 명씩 세상을 떠날 때마다 그들이 썼던 방에는 자물쇠가 채워지고 덧문도 닫혔다. 나중에는 미스 엘라가 자신의 침실과 아래층 식당, 그리고 그녀와 자매들이 고독한 학창 시절을 보냈던 이층의 크고 황량한 방만을 열어두었다. 그녀는 오래도록 몇 명의 충직한 늙은 하인들과 프랑스산 푸들인 토비와 함께 방이 40개나 되는 그 유령 같은 집에서 혼자 살았다.

토비는 엘라의 방에 있는, 네 모서리에 기둥이 있고 덮개가 달린 큰 침대에서 정확히 자신의 여주인처럼 잠을 잤고, 식당에 있는 벨벳 천이 깔린 특수 놋쇠 테이블에서 애견용 비스킷과 돼지고기 조각을 먹었다. 세상을 떠나면서 엘라 벤델은 수백만 달러를 감리교회에 기부하여 선교 사업에 쓰게 했다. 하지만 그녀 자신은 교회에 나간 적이 별로 없었다.

엘라는 자신에게 살아 있는 친척이 하나도 없는 것으로 알고 죽었다. 그러나 1년이 지나지 않아 그녀의 친척이라고 주장하는 사람들이 세계 곳곳에서 2,300명이나 출현했다. 테네시 주에서만 290명이 나타나 모두가 3,500만 달러에 이르는 엘라 재산의 일부를 요구했다. 독일 영사관은 400명의 독일인 벤델들을 대신하여 포괄적으로 엘라의 재산에 대한 권리를 요구했고, 체코슬라바키아에도 상속인이 너무 많이 나타나 외무부가 나서서 처리해야 했다. 두 사람은 자기들이 존 벤델이 두 번의 비밀 결혼을 통해 태어난 자식들이라고 주장했고, 그중 한 명은 결혼 증명서와 유언장을 위조한 혐의로 감옥에 갇혔다.

존 고틀리브 벤델은 결코 유언장을 쓰지 않았다. 그는 "어떤 변호사도 자기 재산을 통해 돈을 벌게 하고 싶지 않다."고 말했다. 그러나 참 아이러니하게도 재산 문제가 처리되기 전에 벤델 가의 재산을 나누어 갖기 위해 몰려온 수많은 사람들 덕분에 자그마치 250여 명의 변호사들이 수수료를 톡톡히 챙겼다.

...36 바실 자하로프

당신이 아는 누군가를 죽게 했을지도 모르는 신비의 인물

자하로프. 세상에서 가장 부유하고 가장 불가사의하며 가장 격렬한 비난을 받은 한 인물의 이름이다. 그의 목숨에는 현상금 10만 달러가 걸려 있었고, 그에 관한 책도 아주 많이 쓰였다. 그는 국제적인 의혹과 민족적인 증오라는 매우 놀라운 현상의 중심에 서 있었다.

극심한 가난 속에서 태어났음에도 바실 자하로프는 훗날 세계에서 가장 많은 재산을 축적한 인물 중 하나가 되었다. 그가 부를 축적한 방법은 기관총과 대포와 고성능 폭발물 판매를 통한 것이었다. 그의 전기 중 하나는 이런 말로 시작된다. "수백만 명의 묘비는 그의 기념비요, 그들의 죽어가는 신음소리는 그의 묘비명이 될 것이다."

스물여덟 살이었을 때 자하로프는 주급 25달러와 얼마간의 수수료를 받고 무기 파는 일을 했다. 당시 그는 그리스에 살고 있었는데, 무기를 팔 수 있는 길은 그에 대한 수요를 창출하는 길밖에 없음을 알고 있었다. 그래서 그는 그리스인들의 두려움에 부채질을 하면서 그들이 피에 굶주린 적들에 둘러싸여 있으며 그들의 조국을 지키려면 무기를 사둬야 한다고 충동질했다. 흥분의 물결이 전국을 휩쓸었다. 악단은 연주를 하고 깃발은 휘날렸으며 연사들은 군중을 모아놓고 열변을 토했다. 그리스는 군대를 증강시키고 자하로프로부터 무기와 잠수함까지 사들였다. 그것은 최초의 전투용 잠수함 중 하나였다.

이 거래에서 수수료 몇 백만 달러를 챙긴 자하로프는 이제 터키로 달려가 말했다. "그리스인들이 뭘 하고 있는지 좀 보십시오. 그들은 지구상에서 당신들을 쓸어버릴 준비를 하고 있습니다." 그래서 터키인들도 잠수함 두 대를 샀고 군비 경쟁이 격화되었다. 이로써 자하로프는 3억 달러의 순익을 물어다줄 사업에 시동을 걸었다. 물론 그것은 모두 피에 흠뻑 젖은 돈이었다.

반세기 넘게 자하로프는 국가 간의 두려움을 조장하고 전통적인 적들을 무장시키며 전쟁을 선동하는 방법으로 돈을 벌었다. 러일전쟁 중에는 양측에 무기를 팔았고, 스페인-미국 전쟁 중에는 총알을 팔아 미국 군인들을 죽게 했다. 제1차 세계대전 중에는 독일, 영국, 프랑스, 이탈리아에 있는 군수품 공장들의 주식을 소유하여 그의 부는 상상을 초월할 정도로 치솟았다.

50년 동안 그는 자신의 움직임을 극도의 비밀에 부치며 유럽 각국의 국방성을 고양이처럼 살금살금 드나들었다. 그는 자신과 정확히 똑같이 생긴 두 사람을 고용했다고 전해진다. 그들의 유일한 임무는 공적인 자리에 모습을 드러내 신문들이 자하로프가 베를린이나 몬테카를로에 있는 것으로 보도하게 만드는 것이었다. 물론 자하로프는 그 사이에 은밀하게 다른 도시로 이동했다. 그는 절대 카메라 앞에서 포즈를 취하려 하지 않았고, 인터뷰를 허락한 적도 없으며, 자신에게 쏟아지는 통렬한 비난에 대해 결코 변명하거나 설명하거나 반격하거나 대응하지 않았다.

훤칠한 키에 잘생기고 늠름한 스물여섯 살의 청년 시절, 그는 열일곱 살의 소녀와 달콤한 사랑에 빠졌다. 그는 아테네에서 파리로 여행하는 동안 기차 안에서 그녀를 만났고, 당장 그녀와 결혼하기를 바랐다. 그러나 불행히도 그녀는 이미 반미치광이에다 나이도 그녀보다 두 배나 많은 스페인 공작과 결혼한 몸이었다. 그녀의 종교적 신념 때문에 이혼은 불가능했다. 그래서 자하로프는 기다렸다. 거의 50년 동안 사랑하는 여인을 가슴에 소중히 품고 기다렸다. 1923년에 드디어 그녀의 남편이 정신병원에서 사망하자 1924년에 그녀는 자하로프와 결혼했다. 당시 그녀는 예순다섯 살이었고 자하로프는 일흔네 살이었다. 그리고 2년 뒤에 그녀는 세상을 떠났다. 이 여인은 48년간 자하로프의 가슴속 애인이었고, 실제 그의 아내로 산 것은 고작 18개월이었다.

죽을 때까지 자하로프는 파리 근처에 있는 웅장한 대저택에서 매년 여름을 보냈다. 하지만 그가 태어난 곳은 저 멀리 떨어진 터키의 창문도 없는 진흙 오두막이었다. 어렸을 때, 그는 흙바닥에서 잠을 잤고 발 주위로 누더기 조각들을 끈으로 얽어매 온기를 유지했으며 종종 배를 곯았다.

그가 학교에 다닌 것은 겨우 5년뿐이었지만, 14개 국어를 할 줄 알았으며 옥스퍼드 대학은 그에게 민법 박사학위를 수여했다. 또 영국에 처음 왔을 때는 도둑질을 하다 잡혀 감옥에 갇혔지만, 30년 뒤에는 영국 왕으로부터 기사 작위를 받았다.

1909년 여름의 어느 날, 이 신비의 인물은 파리의 유명한 동물원을 둘러보고 있었다. 그때 그곳의 원숭이들이 몸에 옴이 올라 있는 데다 굶주린 상태였고 그곳에서 가장 인기 있는 사자도 류머티즘을 앓고 있는 것을 보고 충격을 받았다. 마치 동물원 전체가 파괴되고 허물어지고 있는 듯했다. 그래서 자하로프는 동물원 관리인을 불러 엄하게 꾸짖었다. 하지만 그 관리인은 자기 앞에 있는 사람이 세계 최고의 부자 중 한 명이라는 사실을 모르고 있었다. 그래서 자기한테는 동물들을 보살피는데 필요한 50만 프랑이 없다고 퉁명스럽게 쏘아붙였다. 이에 자하로프가 대답했다. “좋아요, 만약 그 돈으로 된다면 내가 주겠소.” 그리고 당장 10만 달러짜리 수표를 떼어주며 동물들을 제대로 돌보게 했다. 이것이 무기 거래를 통해 무수한 인간을 죽게 만든 사람의 행동이었다. 서명의 진위를 확인할 수 없던 동물원 관리인은 이 낯선 사람이 자기를 상대로 장난질을 하고 있다고 생각했다. 그래서 그 수표를 아무렇게나 다른 서류 더미들 위로 던져놓고는 그에 대해서는 까맣게 잊고 있었다. 수개월 뒤에 그는 한 친구에게 그 수표를 보여주었는데, 그것이 프랑스 최고의 부자가 서명한 진짜 수표라는 사실을 알게 되고는 까무러치게 놀랐다.

자하로프는 차츰 건강이 쇠약해져 여든다섯의 나이에 외롭고 비극적으로 생을 마감했다. 하인이 그를 휠체어에 태워 밀고 다녔으며, 그는 주로 자신의 아름다운 장미 정원에만 관심을 쏟는 듯했다. 그는 50년 동안 일기를 써왔는데, 책 쉰세 권 분량이었다. 소문에 따르면 자하로프는 자신이 죽을 때 그 모든 비밀 기록들을 폐기하라고 지시했다고 한다.

...37
바이런 경

담배를 씹고 손톱을 뜯으며 사람 해골에 포도주를 담아 마신
'완벽한 연인'

200년 전의 완벽한 연인은 어땠을까? 도대체 어떤 남자이기에 우리 할머니들의 마음을 콩닥거리게 하며, 난롯가에 앉은 우리 할아버지들이 질투심으로 얼굴을 씰룩이게 했을까? 그 아득한 시절의 돈 후안, 발렌티노, 또는 클라크 게이블은 누구였을까?

이 질문에 대해서는 쉽게 대답할 수 있다. 200년 전 여심을 사로잡는 능력에 관한 한, 로맨틱한 조지 고든 바이런 경을 당해낼 수 있는 남자는 세상에 한 명도 없었다.

그는 당대의 가장 뛰어난 시인이었고, 그의 영향은 19세기 문학의 전체적인 흐름을 바꿔놓았다. 그는 우리의 시선집에서도 만나볼 수 있는 가장 격정적인 낭만시와 가장 부드러운 시 몇 편을 남겨놓

았다. 그가 사랑한 여성은 수십 명에 이르지만, 참 이상하게도 그는 자신의 배다른 누이를 사랑했다. 그리고 그들의 염문은 유럽을 충격에 빠뜨리고 그녀의 삶을 파괴시켰다. 헤어진 후에 그는 그녀에게 가장 아름다운 시 한 편을 헌정했다.

먼 훗날
그대를 다시 만난다면
어떻게 인사해야 할까
그저 눈물과 침묵으로 말할 뿐.

바이런의 악명이 높아질수록 여인들은 더욱 그를 숭배했다. 그에 대한 여인들의 흠모는 거의 광적일 정도가 되어 바이런의 아내가 그의 잔인한 행태를 더 이상 견디지 못하고 마침내 그를 떠났을 때, 유럽 여성의 절반이 오히려 그녀를 비난했다. 이 여성들은 바이런에게 무수히 많은 시와 연애편지와 자신의 머리 타래를 보냈다.

온 런던이 우러러볼 정도로 아름답고 똑똑하고 돈도 많은 영국의 유명한 한 귀부인은 소년의 옷차림을 한 채 후두두 쏟아지는 비를 맞으며 몇 시간 동안이나 길에서 완벽한 연인 바이런이 그의 신성한 집에서 나오기를 기다렸다. 또 한 여자는 그에게 홀딱 빠져 영국에서부터 이탈리아까지 줄곧 그를 따라다니며 들들 볶는 바람에 바이런도 결국 두 손 두 발 다 들고 말았다.

연인들의 위대한 귀감이자 200년 전의 이 발렌티노는 도대체 어떤 사람이었을까? 그는 발이 기형이라 심하게 절뚝거렸고, 자신의 손톱을 뜯고 담배를 씹었으며 시카고의 갱단처럼 총알이 장전된 권총을 가지고 훤한 대낮에 19세기 영국의 거리를 으스대며 걸었다. 또 성질이 아주 고약하여 만약 사람들이 그를 노려보면 그들이 기형인 자신의 발을 쳐다보고 있다고 여겨 혈압이 20포인트나 치솟았다. 완벽한 로미오라는 찬사를 받았던 이 시인은 여성들을 괴롭히는 악취미가 있었다. 결혼식이 끝난 지 겨우 두 시간이 지난 후 그는 신부에게 자기는 그녀를 혐오하며 그저 악의로 그녀와 결혼했을 뿐이라고 말하고는, 앞으로 자기를 처음 만난 날을 저주하며 살게 될 거라고 말했다. 실제로 그녀는 그렇게 살았다.

그들의 결혼 서약은 1년간 유지되었다. 분명 바이런은 절대 아내를 때리지는 않았지만, 가구를 박살내고 자기 애인들을 집에 데려왔다. 결국 그의 아내는 의사를 불러들여 남편이 미친 것은 아닌지 살펴보게 했다.

바이런의 대저택 근처에 살았던 시골 사람들은 이상한 이야기들을 전했다. 그들은 바이런의 하인들은 모두 젊은 아가씨들, 그것도 상냥한 성격을 지닌 아름다운 아가씨들이라고 말했다. 또 바이런과 그의 손님들이 수도사처럼 길고 검은 성직자 복장으로 주지육림에 빠져 흥청거렸는데, 그에 비하면 고대 바빌로니아 제국의 마지막 왕 벨사살의 향연은 그리스도교 여성금주협회의 아침 식사에 불과할 정도였다고 한다. 귀여운 하녀 아가씨들은 포도주를 대령했고, 바이런과 그의 친구들은 그 술을 사막의 보름달처럼 빛날 때까지 문지르고 광을 낸 인간의 해골에 담아 마셨다.

날씬하고 우아한 바이런은 종종 아폴로 조각상과 비교되었다. 그의 피부는 무척 희어서 그를 흠모하는 여성들은 그의 모습이 마치 "내부에서 밝은 빛이 새어나오는 대리석으로 만든 아름다운 꽃병과 같다."고 감탄했다. 그러나 그들은 바이런이 그런 모습을 유지하기 위해 어떤 고통을 겪었는지는 알지 못했다. 그들은 바이런 인생의 매일 매순간이 짜증나고 진이 빠지는 끊임없는 비만과의 사투였다는 사실은 몰랐다. 늘씬하고 매력적인 모습을 유지하기 위해 그는 할리우드에서도 받아들이기 힘들 정도의 아주 별나고 기이한 다이어트를 실천했다.

예컨대 그는 하루에 한 끼만 먹었고, 그 한 끼마저 소량의 감자나 식초를 뿌린 쌀이 전부인 경우가 많았다. 메뉴를 바꾸고 싶을 때는 소량의 마른 크래커를 우적우적 씹어 먹고 소다수 한 잔을 마셨다. '내부에서 밝은 빛이 새어나오는 대리석'과 같았다고? 사실 그렇게 먹고도 그가 기근이 창궐한 지역의 뼈만 남은 중국인처럼 보이지 않았다는 것이 기적이다. 그 외에도 그 혐오스런 지방이 들러붙는 것을 막기 위해 그는 펜싱, 복싱, 승마, 그리고 수영에 열중했다. 당대의 가장 뛰어난 시인이었던 이 남자는 자신이 쓴 불멸의 작품들보다도 헬레스폰트 해협을 헤엄쳐 건넜다는 사실에 훨씬 더 큰 자부심을 느꼈다. 크리켓 경기를 할 때는 조끼를 일곱 벌이나 껴입고 땀을 흘렸지만 그것으로도 살을 빼기에는 부족했기에 일주일에 세 번씩 터키식 욕조에서 비지땀을 흘렸고 사람을 시켜 자기 몸을 계속 때리고 두들기게 했다.

이 기이하고도 과격한 다이어트는 그의 소화 기능을 망가뜨렸다. 그 결과 그의 침실은 온갖 약의 냄새로 진동하여 세계 최고 미인의 매혹적인 내실이라기보다는 약국처럼 느껴졌다. 또 그는 아편의 힘을 빌려야 할 정도로 악몽의 공포에 시달렸지만, 아편도 그 악몽을 쫓아주지는 못했다. 그래서 장전된 권총 두 자루를 침대 옆에 놓아두었는데, 한밤중에 소리를 지르고 이를 갈면서 잠에서 깨면 방 안을 이리저리 서성이며 권총과 단검을 휘둘렀다.

만약 바이런이 <트루 컨페션스>라는 잡지에 자신의 이런 생활을 공개했다면, 정말 놀랍고 흥미로운 이야기가 되었을 것이다. 심지어 '보이스 오브 익스피어리언스 *Voice of Experience*'(50대 이상의 복지를 위한 영국의 민간단체-옮긴이)도 그의 아내가 겪은 문제들을 어떻게 손을 써야 할지 참 난감해했을 것이다.

바이런 경이 악몽에 시달리던 오래된 대저택에는 오래전에 그곳에 살았던 한 수도사의 유령이 출몰했다. 바이런은 이 검은 두건을 쓴 망령이 복도에서 무서운 눈으로 자주 자기 옆을 지나쳤다고 말했다. 그가 이 끔찍한 유령을 목격한 것은 그의 불행한 결혼식이 있기 전날 밤이었다. 수년 뒤, 이탈리아에서 그는 시인 셸리의 환영이 숲 속으로 걸어가는 것을 보았다고 주장했다. 그때 셸리는 멀리 떨어진 곳에 있었고, 바이런도 그 사실을 알고 있었다. 그런데 참 신기하게도 얼마 안 가서 셸리는 호수 위에서 일어난 폭풍에 휘말려 정말 익사해 버렸다. 그리고 바이런은 직접 화장용 장작더미를 쌓고 셸리의 시신을 화장시켰다.

또 바이런에게는 늘 그의 머리를 떠나지 않는 미신이 하나 있었다. 한 집시 점쟁이는 그가 서른일곱 살에 죽을 것이라고 경고한 적이 있는데, 실제로 그는 서른여섯 살 생일이 지나고 3개월 뒤에 사망했다. 바이런은 자신의 가족 모두에게 사악한 저주가 내려졌다고 믿었으며, 서른여섯 번째 생일이 자기 혈족에게는 치명적이라고 단언했다.

현대의 일부 전기 작가들도 그의 이런 의견에 동의하는 경향이 있다. 바이런의 아버지가 서른여섯 살에 세상을 떴고, 바이런과 거의 똑같은 삶을 살았던 그의 딸도 서른여섯 번째 생일날 밤에 죽었기 때문이다.